équipe

1

livre de l'étudiant

Danièle Bourdais
Sue Finnie
Anna Lise Gordon

OXFORD
UNIVERSITY PRESS

OXFORD
UNIVERSITY PRESS

Great Clarendon Street, Oxford OX2 6DP

Oxford University Press is a department of the University of Oxford.
It furthers the University's objective of excellence in research,
scholarship, and education by publishing worldwide in

Oxford New York

Auckland Bangkok Buenos Aires Cape Town Chennai
Dar es Salaam Delhi Hong Kong Istanbul Karachi Kolkata
Kuala Lumpur Madrid Melbourne Mexico City Mumbai Nairobi
São Paulo Shanghai Singapore Taipei Tokyo Toronto

and associated company in Berlin

Oxford is a registered trade mark of Oxford University Press
in the UK and in certain other countries

First published 1998
Reprinted 1998, 1990, (twice) 2000
Euro edition published 2002

British Library Cataloguing in Publication Data

Data available

ISBN 0 19 912351 9

10 9 8 7 6 5 4 3 2 1

Printed in Spain by Edelvives, Zaragoza

Acknowledgements

The publishers would like to thank the following for permission to
reproduce photographs: Allsport pp.9 (centre top), 10 (top left, bottom
right), 60 (bottom left); Bournemouth Tourism p.110; Canadian Tourist
Office pp.63, 136 (top left); Corbis p.11 (bottom); French Government
Tourist Office p.16 (top row centre); Futuroscope p.10 (centre right); Hulton
Getty p.11 (top left); Hutchison Library pp.10 (top right), 16 (bottom
centre), 116 (centre right); Imagebank pp.16 (top right, bottom right), 51
(centre right), 114 (bottom right); 125 (top left, bottom right); Images of
Africa p.116 (bottom right); J. Allen Cash pp.94 (bottom right); Life File p.8
(bottom left); PA News p.23 (bottom); Portsmouth City Council p.136
(bottom right); Rex Features p.16 (centre top); Still Pictures pp. 63 (bottom),
114 (top), 116 (top, centre left, bottom left); Travel Ink pp.114 (centre left),
136 (bottom left).
Location photography David Simson, Office du Tourisme, Dieppe. Studio
photography Martin Sookias. Additional photographs Corel Professional
Photos, and OUP.
The illustrations are by Martin Aston pp.19, 43, 46, 54, 56, 57, 58, 62, 82, 86,
88, 91, 98, 117, 129, 131, 139, 142; Peter Byatt pp.73, 124, 133; Karen
Donnelly pp.20, 28, 38, 44, 46, 49, 52, 57, 60, 61, 67, 77, 89, 90, 99, 108, 135,
137; Matt Fenn pp.21, 33, 45, 50, 59, 71, 83, 97, 121; Clive Goodyear pp.15,
32, 103, 106, 109, 113; Liz Roberts p.118; Jane Strother p.123; Harry Venning
pp.20, 43, 54, 58, 79, 90, 99, 107, 119.
Handwriting and electronic artwork by Kathy Baxendale, Matt Buckley,
Stefan Chabluk, and Oxprint.
The authors would like to thank the following people for their help and
advice: Julie Green (course co-ordinator) Ann Miller (course consultant);
Geneviève Talon (language consultant) David Buckland; M. et Mme
Bourdais. The song Mon Pays is dedicated to Leïla and Nadia Makni.

The publishers and authors would also like to thank Michel Agodi,
Directeur de Tourisme, Dieppe; Geneviève Tavernier, her colleagues and
pupils at Collège Georges Braque, Dieppe; M. le comte for access to the
Château de Miromesnil (near Dieppe: telephone 00 2 35 85 02 80 to arrange
visits, or contact Dieppe tourist office); Elsa Boillet, Marion Baillot, François
Leroy, Jean-Christophe Lenoix et famille, Jupiter Lanoix.

The publishers would like to thank all those who trialled and reviewed the
materials, with special thanks to: Eleanor Caldwell, Kim Brown, Mike Lynch,
Anne O'Reilly, Colin Humphrey, Clare Cooke, Alexis McKernan, Pam Painter,
John Wigfield, Ann Markley. Thanks also to the teachers and pupils at the
following schools: George Abbott School, Burpham; St John Wall RC School,
Birmingham; Oaklands School, Acomb; de Ferrars High School, Burton on
Trent; Holy Trinity Senior School, Halifax; All Saints RC School, York; Matthew
Arnold School, Oxford; King Alfred's School, Wantage.

The publishers would like to thank the following for permission to reproduce
copyright material: Milan Presse: Les Clés de l'actualité junior 1996, 1997.

Every effort has been made to contact copyright holders of material
reproduced in this book. Any omissions will be rectified in subsequent
printings if notice is given to the publisher.

A catalogue record for this book is available from the British Library.

Welcome to Équipe!

This Équipe book is set in the French town of Dieppe. In it you will meet ...

Jasmine   Antoine   Nathalie   Martin

As you work through Équipe you will ...

- find out about life in France
  (and in some other countries where people speak French)
- learn to understand French people when they speak
- start speaking French yourself
- learn how to read and write in French

Have fun!

Symbols and headings you'll find in the book: What do they mean?

🔲 listen to the cassette with this activity

👥 work with a partner   👥 work in a group

 **Zoom sur ...**

an explanation of how French works

000 refer to this page in the grammar section at the back of the book

En plus ...

something extra to do if you finish early

▪▪▪▪▪▪▪▪▪▪▪▪▪▪▪

Expressions-clés

useful expressions

 **Interlude**

a song or fun activity

Ça se dit comme ça!

pronunciation practice

Guide pratique

ideas and tips to help you learn more effectively

En équipe

project work

Équipe-Magazine

reading practice at the end of each unit

Tu sais ... ?

a checklist of the things you have learned in the unit

visit the équipe online website at **www.oup.co.uk/equipe**

Table des matières

Liste d'instructions

Here are some of the instructions you will need to understand in Équipe.

Ajoute … .... *Add …*
Apprends par cœur. .... *Learn by heart.*
Attention! .... *Watch out!*

C'est qui? .... *Who is it?*
Cherche .... *Look for …*
Choisis … .... *Choose …*
Coche. .... *Tick.*
Commence … .... *Start …*
Complète (la grille). .... *Fill in (the grid).*

Décris … .... *Describe …*
Demande … .... *Ask …*
Dessine … .... *Draw …*
Devine … .... *Guess …*
Dis … .... *Say …*

Écoute. .... *Listen.*
Écoute la cassette pour vérifier. ... *Listen to the cassette to check.*
Écris … .... *Write …*

Fais une liste. .... *Make a list.*
Fais un sondage. .... *Carry out a survey.*
Ferme le livre. .... *Shut your book.*

Imagine des conversations. .... *Make up conversations.*

Invente … .... *Make up …*

Joue … .... *Play …*

Lis .... *Read*

Note … .... *Note down …*

Parle .... *Speak*
Pose des questions. .... *Ask questions.*
Prends (des notes). .... *Take (notes).*

Que dit (Jasmine)? .... *What is (Jasmine) saying?*
Quel(le) … ? .... *What … ?/ Which … ?*
Qu'est-ce que c'est? .... *What is it?*
Qui parle? .... *Who is speaking?*

Recopie … .... *Copy out …*
Réécoute. .... *Listen again.*
Regarde … .... *Look at …*
Relie les phrases. .... *Match up the sentences.*
Relis .... *Read again.*
Répète. .... *Repeat.*
Réponds aux questions. .... *Answer the questions.*

Trouve … .... *Find …*

Vérifie … .... *Check …*
Vrai ou faux? .... *True or false?*

Useful classroom language

Could you say that again, please? ... Répétez, s'il vous plaît.

How do you pronounce it? .... Ça se dit comment?

How do you say "x" in French? ...... Ça se dit comment "x" en français ?

How do you spell it? .... Ça s'écrit comment?

I don't understand. .... Je ne comprends pas.

What activity is it? .... C'est quelle activité?

What page is it on? .... C'est à quelle page?

La France

GRANDE-BRETAGNE

Calais

Lille

BELGIQUE

ALLEMAGNE

LUXEMBOURG

Dieppe

St. Malo

PARIS

LA FRANCE

SUISSE

Lyon

ITALIE

Bordeaux

Toulouse

Cannes

Marseille

ESPAGNE

Bienvenue à Équipe

bonjour

Ici, on parle français.

VISITER DIEPPE NORMANDIE

SEINE-MARITIME

FRANCE

Dieppe

FERME

OUVERT

Cher Luc
Salut!
Je suis à Dieppe,
c'est super! Je fais
plein de choses
différentes, même
du ski-surf!
À bientôt,
Yann

Dear Amy
Dieppe is great!
Lots of different
things to do.
I'm learning to
ski-surf!
See you soon.
Love Rebecca

Mini-test

Qu'est-ce que c'est?

1
a **C'est la Tour Eiffel.**
b **C'est la Grande Arche.**

2 **C'est qui?**
a **C'est l'acteur Jean-Claude Van Damme.**
b **C'est le footballeur Zinedine Zidane.**

3 **Qu'est-ce que c'est?**
a **C'est une Renault.**
b **C'est une Peugeot.**

4 **C'est qui?**
a **C'est Céline Dion, la chanteuse canadienne.**
b **C'est Sophie Marceau, l'actrice française.**

5 **Qu'est-ce que c'est?**
a **C'est Disneyland, Paris.**
b **C'est le Futuroscope.**

6

7

8

5

6 C'est qui?
a **C'est la chimiste Marie Curie.**
b **C'est l'actrice Isabelle Adjani.**

7 Qu'est-ce que c'est?
a **C'est un café.**
b **C'est un magasin.**

8 C'est qui?
a **C'est un docteur.**
b **C'est un agent de police.**

9 Qu'est-ce que c'est?
a **C'est un gâteau.**
b **C'est un château.**

10 C'est qui?
a **C'est Louis XIV.**
b **C'est Napoléon Bonaparte.**

9

10

Résultats
8–10 points – excellent!
5–7 points – super!
2–4 points – ok!
0–1 point – nul!

1

Bienvenue!

You will learn how to ...

✓ say hello and goodbye: *Salut! Bonjour! Au revoir!*
✓ ask someone their name: *Tu t'appelles comment?*
✓ say your name: *Je m'appelle Martin.*
✓ spell in French

Samedi 2 septembre: Jasmine arrive à Dieppe.

> *Bonjour!*
> *Je m'appelle Martin.*

> *Salut!*
> *Je m'appelle Nathalie.*

> *Bonjour.*
> *Je suis Antoine.*

> *Au revoir, monsieur!*

> *Au revoir, mademoiselle!*

Nathalie:	Salut!
Martin:	Bonjour!
Antoine:	Salut! Tu t'appelles comment?
Jasmine:	Bonjour! Je m'appelle Jasmine. Et toi?

1 📼 Lis et écoute la conversation.

2 📼 Écoute. C'est qui?

3 🔊 Écoute et réponds.

Salut! Je m'appelle Martin. Tu t'appelles comment?

Salut, Martin! Je m'appelle Ben Davies.

4 👥 Imagine des conversations.

Exemple

Martin: Bonjour.
  Anne: Bonjour. Tu t'appelles comment?
Martin: Je m'appelle Martin. Et toi?
  Anne: Je m'appelle Anne.

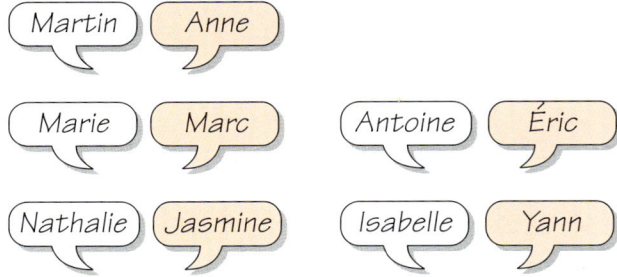

Martin | Anne

Marie | Marc   Antoine | Éric

Nathalie | Jasmine   Isabelle | Yann

En plus …

Écris les conversations.

5 Recopie et complète.

J• m'ap•el•e Sophie Lafrousse. Bo•jou•!

Salu•! Je •'appell• Pierre Laforme.

•e m•app•ll• Charlie. A• revoi•!.

Guide pratique

Apprends l'alphabet en français

a b c d   e f g h

i j k l   m n o p

q r s t   u v w   x y z

6a 🔊 Écoute et répète.

  b 🔊 Écoute et note les noms.
Exemple 1 – Khaled

  c 👥 Choisis cinq noms dans la liste. Peux-tu épeler les noms?

Tour de France: Les Favoris

Alex Zulle

Laurent Jalabert

Bjarne Riis

Marco Pantani

Tony Rominger

Richard Virenque

Laurent Madouas

Thierry Laurent

Francis Moreau

Serguei Outschakov

Un, deux, trois … partez!

1a  Écoute.

b Écoute et répète.

c Écoute et continue.
Exemple trois, quatre, <u>cinq</u>

Combien?

1	*un*	
2	*deux*	
3	*trois*	
4	*quatre*	
5	*cinq*	
6	*six*	
7	*sept*	
8	*huit*	
9	*neuf*	
10	*dix*	
11	*onze*	
12	*douze*	
13	*treize*	
14	*quatorze*	
15	*quinze*	
16	*seize*	
17	*dix-sept*	
18	*dix-huit*	
19	*dix-neuf*	
20	*vingt*	

six et cinq: onze

2 Dos à dos: **A** jette les dés, **B** coche la grille.

3 Fais des cartes. Joue au Loto.

4 Recopie et complète.

a un + deux = ?
b cinq + trois = ?
c huit + quatre = ?
d douze – onze = ?
e neuf – sept = ?
f dix – six = ?

Écris six opérations pour ton/ta partenaire.

Tu habites où?

You will learn how to ...

✓ ask someone where they live: *Tu habites où?*
✓ say where you live: *J'habite 16, rue des Lilas, à Dieppe.*

1 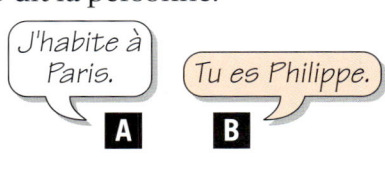 Lis et écoute.

2a 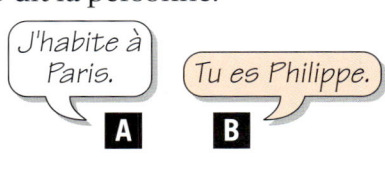 Écoute et relie.
Exemple Philippe – Bordeaux

Philippe	Paris
Anne	Lyon
Daniel	Marseille
Lucie	Lille
Marc	Bordeaux
Stéphanie	Toulouse

b C'est qui? **A** dit la ville, **B** dit la personne.

J'habite à Paris.  **A**

Tu es Philippe. **B**

Non.  **A**

Tu es Anne. **B**

Oui!  **A**

Jasmine: Tu habites où?
Antoine: Ici! J'habite 16, rue des Lilas, à Dieppe.
Nathalie: Et toi, Jasmine? Tu habites où?
Jasmine: Ici! Cette année, j'habite à Dieppe, avec ma grand-mère.
Martin: Bienvenue à Dieppe, Jasmine. À bientôt!
Jasmine: Au revoir! À bientôt!

Expressions-clés

Tu habites où?
J'habite à Dieppe.
J'habite 16, rue des Lilas.
À bientôt!
Au revoir.

Mini-Infos

Martin habite rue des Lilas à Dieppe.
Dieppe est en France.
C'est un port dans le nord de la France.
Il y a 37 000 habitants à Dieppe.

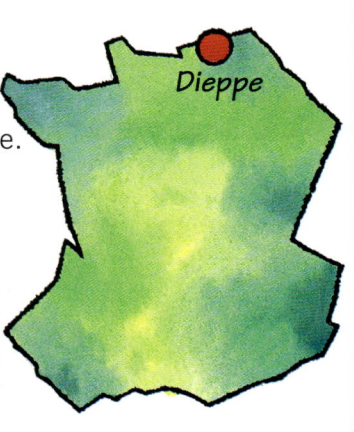

Dieppe

Tu as quel âge?

You will learn how to ...

✓ ask someone their age: *Tu as quel âge?*

✓ say how old you are: *J'ai douze ans.*

✓ ask when someone's birthday is: *C'est quand, ton anniversaire?*

✓ say when your birthday is: *Mon anniversaire, c'est le 25 février.*

Compte toujours ...

21	vingt et un
22	vingt-deux
23	vingt-trois
24	vingt-quatre
25	vingt-cinq
26	vingt-six
27	vingt-sept
28	vingt-huit
29	vingt-neuf
30	trente
31	trente et un

1 Écoute et répète.

2 Écoute. Fais quatre listes: printemps, été, automne, hiver.

Les mois de l'année

janvier

février

mars

avril

mai

juin

juillet

août

septembre

octobre

novembre

décembre

Dimanche 3 septembre: Antoine invite Jasmine chez lui.

> **Antoine:** Tu as quel âge, Jasmine?
> **Jasmine:** J'ai treize ans. Et toi?
> **Antoine:** Moi aussi, j'ai treize ans.
>
> ***
>
> **Antoine:** C'est quand, ton anniversaire?
> **Jasmine:** Mon anniversaire, c'est le 25 février.
> Et toi, Antoine?
> **Antoine:** Moi?
> **Jasmine:** Oui, c'est quand, ton anniversaire?
> **Antoine:** Mon anniversaire, c'est le 3 septembre.
> **Jasmine:** Mais … c'est aujourd'hui!
> Bon anniversaire, Antoine!

3a 📼 Lis et écoute.

b 👥 Joue les rôles de Jasmine et d'Antoine.

c Change la conversation: donne ton âge et la date de ton anniversaire.

4 📼 Devine l'âge des six personnes.
Écoute les dialogues pour vérifier.

Zoom sur… Je + verbe

En français	En anglais
Je m'appelle Jasmine.	?
Je suis Martin.	?
J'ai 12 ans.	?
J'habite à Dieppe.	?

Je/j' = ? en anglais.

5 Regarde les pages 13, 15 et 17. Trouve quatre
phrases avec *je* ou *j'*.
Je ou *j'* – pourquoi la différence?

144

Expressions-clés

Tu as quel âge?
J'ai (treize) ans.
Moi aussi.
oui, non
C'est quand, ton anniversaire?
Mon anniversaire, c'est le (3 septembre).
Bon anniversaire!

Frères, sœurs et animaux

Moi!   *J'ai une sœur, Isabelle.*   *J'ai un frère, Sébastien.*

J'ai un chien, Dingo.

1 🔲 Lis et écoute Nathalie.

Cher Ryan

Je m'appelle Nathalie Delacroix et je suis ta nouvelle correspondante. J'ai douze ans et j'habite à Dieppe.
J'ai un frère, Sébastien et une sœur, Isabelle. Et toi?
Tu as des frères et sœurs?

J'adore les animaux: j'ai un chien et deux chats.
Tu as un animal chez toi?
Voici des photos.

J'ai deux chats, Cachou et Sylvester.

Animaux rigolos

un perroquet
un serpent
une perruche
un cheval
un hamster
un chien
un chat
un lapin
un poisson rouge
une souris

2a 🎧 Écoute les interviews. Chaque personne a combien de frères et sœurs?

Exemple

	Frères	Sœurs
Anne	1	X

Qui n'a pas de frères?

b 🎧 Réécoute. Note les animaux.
Exemple Freddy – un lapin
Qui n'a pas d'animal?

c 👥 Sondage. Interviewe tes camarades de classe.

> Tu as des frères?
> Tu as des sœurs?
> Tu as un animal chez toi?

3 Relis la lettre, page 18. Écris une lettre avec des renseignements sur toi.

Expressions-clés

Tu as des frères et sœurs?
Tu as un animal chez toi?
J'ai un frère.
J'ai une sœur.
J'ai deux frères.
J'ai trois sœurs.
Je n'ai pas de sœurs ou de frères.
Je n'ai pas d'animal.
J'ai un chat/une perruche.

ZOOm sur... masculin et féminin

4 Recopie et complète.

En français		En anglais
J'ai **un** chat.	=	?
J'ai **une** souris.	=	?

un/une = ? en anglais

un = masculin   une = féminin

5 Organise les mots en deux listes: masculin/féminin.

un café   un sport   une cassette   une radio
un éléphant   une soupe   un hamburger
une télévision   un cinéma   un village
une disco   une question   une personne
un fruit   une omelette   un magazine

Attention! **des** = *some, any*

	1 (singulier)	2+ (pluriel)
masculin	**un** frère / **un** chien	**des** frères / **des** chiens
féminin	**une** sœur / **une** perruche	**des** sœurs / **des** perruches

139

Tu as un animal?

Refrain
**Tu as un animal?
Un animal? Un animal?
Tu as un animal chez toi?**

1
**Oui, j'ai <u>un chat</u>,
Un chat, un chat, un chat.
Oui, j'ai un chat chez moi.**
Refrain

2
**Oui, j'ai <u>un chien</u>,
Un chien, un chien, un chien.
Oui, j'ai un chien chez moi.**
Refrain

3
**Oui, j'ai <u>des rats</u>,
Des rats, des rats, des rats.
Oui, j'ai des rats chez moi.**

4
**Je n'ai pas d'animal,
Oh, non! Je n'ai pas d'animal.
J'ai seulement un frère chez moi.**

1 📼 Écoute la chanson.

2 📼 Trouve un dessin pour chaque couplet.
Exemple 1 – d

3 📼 Chante!

4 Continue la chanson. Invente des couplets.
*Exemple Oui, j'ai un perroquet/un éléphant/
des poissons rouges …*

Ça se dit comme ça!

Le h français

5 📼 Écoute et répète.

Henri habite à Hautefort avec huit hamsters.

Guide pratique

**Pour mémoriser une phrase, commence
à la fin …**

1   hamsters
2   huit hamsters
3   avec huit hamsters
4   à Hautefort avec huit hamsters
5 Henri habite à Hautefort avec huit hamsters

Interlude
Charlie le chat

Salut, les chats!

Tu t'appelles comment?

Je m'appelle Charlie.

Regarde … un … deux … trois

Cool! Génial! Bravo, Charlie!

HA HA HA HA HA HA HA

Au revoir, Charlie!

Tu sais … ?

✓ compter de 1 à 31	*un, deux, trois …*
✓ saluer les gens	*Salut! Bonjour! Au revoir!*
✓ donner/demander: nom/adresse	*Tu t'appelles comment? Je m'appelle Jasmine. Et toi?* *Tu habites où? J'habite 3, rue des Lilas, à Dieppe.*
✓ donner/demander: âge/anniversaire	*Tu as quel âge? J'ai 12 ans. C'est quand, ton anniversaire?* *Mon anniversaire, c'est le 24 mars.*
✓ parler de frères/sœurs/animaux	*Tu as des frères et sœurs? J'ai un frère/(deux/trois) frères.* *J'ai une sœur/(deux/trois) sœurs. Je n'ai pas de frères ou de* *sœurs. Tu as un animal chez toi? J'ai un chat/chien/rat/hamster.* *J'ai des poissons rouges. Je n'ai pas d'animal.*

Et en grammaire … ?

✓ *je/j'* + verbe	*je m'appelle, j'ai, j'habite*
✓ *un, une, des*	*un hamster, une sœur, des poissons rouges*

👥 En équipe

Interviews express

Prépare une émission de radio.
Fais des interviews express.
Travaille avec 2 ou 3 camarades.

1 Écris les questions.

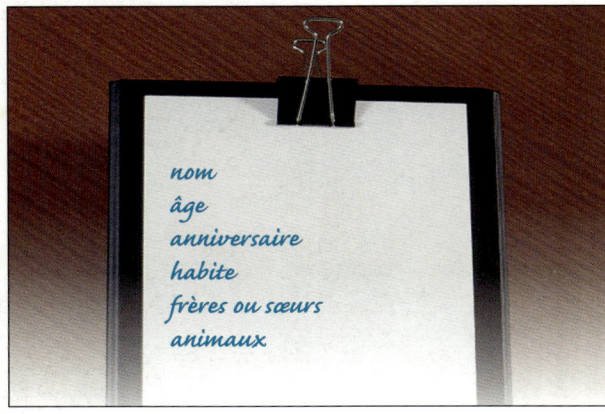

nom
âge
anniversaire
habite
frères ou sœurs
animaux

2 Prends une cassette et un magnétophone.

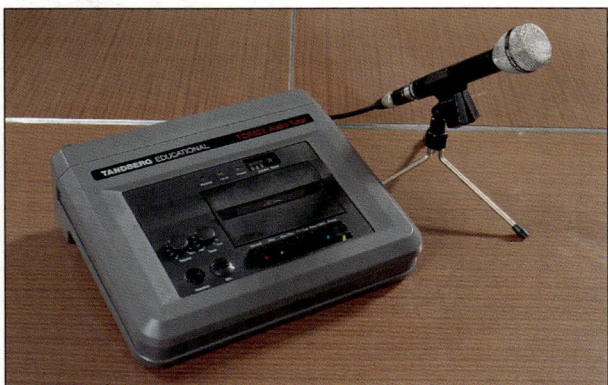

3 Enregistre de la musique pour l'introduction.

Salut! Tu t'appelles comment?

Je m'appelle Rajiv.

Tu as quel âge, Rajiv?

4 Tu es reporter. Pose les questions.
Enregistre les interviews.
(Une idée: ton partenaire joue le rôle d'un personnage célèbre.)

5 La classe écoute l'émission.

Équipe-Magazine

Spécial: Fête des animaux

Le dix avril, c'est la Fête des Animaux. Les Français adorent les animaux: 58% ont un animal (record d'Europe). On compte 10 millions de chiens et 7 millions de chats.

Salut, les poissons!

💡 *Visitez la Cité de la Mer à Dieppe.*
Ouverte du 1er avril au 30 septembre (de 10 h à 12 h 30 et de 2 h à 7 h)
du 1er octobre au 31 mars (de 10 h à 12 h et de 2 h à 6 h)
Fermée du 24 décembre au 3 janvier.

«SALUT, c'est un magazine pour les adolescents en France. Il y a un magazine tous les mois. Il coûte 3 euros.»

L'héroïne du mois

"Salut! Je m'appelle Claudie André-Deshays. Je suis la première astronaute française à partir dans l'espace."

L'héroïne du mois

C'est la rentrée

Tes affaires d'école

You will learn how to ...

✓ ask someone what they have in their bag and pencil case: *Qu'est-ce que tu as dans ton sac/ta trousse?*

✓ ask someone if you can borrow something: *Tu as un stylo? Oui, voilà. Non, désolé(e).*

✓ say what you have: *Dans mon sac, j'ai un dictionnaire et des cahiers.*

✓ say what you haven't got: *Je n'ai pas de gomme.*

1 Écoute.

Dimanche 4 h 30

Lundi 8 h 30

2 [▣] Écoute. C'est quelle lettre?
Exemple 1 – b

En plus … [👥] Jeu de mémoire.

> *Qu'est-ce que tu as dans ton sac?* **A**

> *Dans mon sac, j'ai un stylo. Qu'est-ce que tu as dans ton sac?* **B**

> *Dans mon sac, j'ai un stylo et un livre. Qu'est-ce que tu as dans ton sac?* **C**

3 [👥] Emprunte cinq objets à ton/ta partenaire.

> *Tu as un stylo?* **A** *Oui, voilà.* **B**

> *Tu as un bâton de colle?* **B** *Non, désolé(e).* **A**

4 Continue la liste pour Nathalie et écris une liste pour Antoine.
Exemple Nathalie: Dans mon sac, j'ai un livre, …

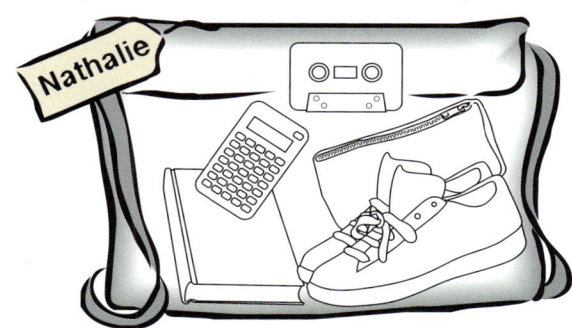

Expressions-clés

Tu as un stylo?
Oui, voilà. Non, désolé(e).
Qu'est-ce que tu as dans ton sac/ta trousse?
Dans mon sac/ma trousse,

j'ai un	livre
	cahier
	classeur
	stylo
	crayon
	bâton de colle
	dictionnaire
j'ai une	trousse
	gomme
	calculatrice
	règle
	cassette
j'ai des	tennis
	ciseaux
	feutres
	cahiers
	vêtements de sport
Je n'ai pas de	cahier/calculatrice/tennis

C'est super!

You will learn how to ...

✓ ask which subjects someone likes: *Tu aimes les maths?*
✓ say which subjects you like and dislike: *J'aime les maths. Je n'aime pas la musique.*
✓ say which subjects someone else likes/dislikes: *Elle aime le sport. Il n'aime pas l'histoire.*
✓ give your opinion about subjects: *Le sport, c'est super. L'anglais, c'est nul.*

1a 📼 Écoute et répète.

b Relie les mots-clés aux symboles.

2 📼 Écoute. Recopie et complète la grille.

	😃	😠
N	e	a, i
M		
A		
J		

En plus ...

Écris des phrases.
Exemple *Nathalie aime l'informatique. Elle n'aime pas le dessin ou le sport.*

3 📼 Écoute huit élèves du collège Georges Braque à Dieppe. Organise les adjectifs en deux listes.

Opinions positives	Opinions négatives

super   difficile   intéressant   nul
pas marrant   fatigant   amusant   génial

Mots-clés

l'anglais	l'histoire
le français	la musique
le sport	la géographie
le dessin	la biologie
l'espagnol	la physique
les maths	l'informatique

4 👥 Choisis trois matières. Ton/Ta partenaire aime ces matières?

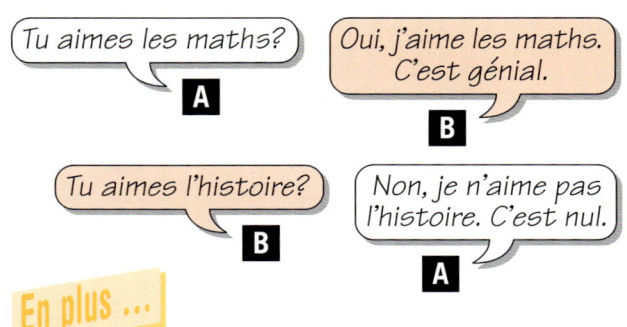

Tu aimes les maths? **A**

Oui, j'aime les maths. C'est génial. **B**

Tu aimes l'histoire? **B**

Non, je n'aime pas l'histoire. C'est nul. **A**

En plus ...

Note les réponses.
Exemple *Mon/Ma partenaire aime les maths. C'est génial. Il/Elle n'aime pas l'histoire. C'est nul.*

Zoom sur... *les verbes en -er*

*Exemple aim**er**, parl**er**, écout**er***

5 À la page 26, trouve la forme correcte du verbe *aimer*.

a J'...... le français.
b Tu ...... les maths?
c Nathalie ...... l'informatique.

Quelle est la différence?

6  Écoute et répète. La prononciation du verbe ne change pas!

7 Recopie et complète avec la forme correcte du verbe *parler*.

a Je ...... français.
b Tu ...... anglais?
c Il ...... espagnol.

> j'/je ....**e**
> tu ....**es**
> il/elle ....**e**

146

Ça se dit comme ça!

Refrain
Qu'est-ce que tu as le lundi?
Le mardi, le mercredi?
...... n'aime pas le vendredi.
Mon jour préféré, c'est le samedi.

Aujourd'hui, c'est lundi.
...... histoire et géographie.
...... l'histoire, c'est amusant,
La géographie, c'est pas marrant.
Refrain

Aujourd'hui, c'est mardi,
J'ai sport et technologie.
Oh! le sport, c'est fatigant,
La technologie, c'est amusant.
Refrain

Aujourd'hui, c'est jeudi,
J'ai maths et biologie.
J'aime les maths, c'est génial,
Mais la biologie, c'est nul!
Refrain

Aujourd'hui, c'est samedi!
Pas de collège l'après-midi.
Pas de physique, pas d'espagnol.
J'aime le week-end, c'est génial!
Refrain

8a Dans la chanson, écoute comment on dit: *Je ... J'ai ... J'aime ...*

b Recopie et complète le refrain et le couplet pour lundi avec *je*, *j'ai* ou *j'aime*.

En plus ...

Écris un couplet pour vendredi.

9 Ça se dit comment? Écoute pour vérifier.

a J'ai un dictionnaire.
b Je n'ai pas de stylo.
c J'aime les maths.
d Je m'appelle Jasmine.
e J'ai deux frères, Jean et Julien.
f J'aime la géographie.

Mon emploi du temps

1a Recopie les noms et les matières.
Exemple *Jasmine Fournier   français*

Jasmine Fournier — Français
NATHALIE DELACROIX — géographie
NOM Antoine Duprès SUJE histoire
Martin Berthault — ESPAGNOL
SANDRA VERGNES — MATHS
Philippe Renaud — PHYSIQUE

1b Échange ton cahier avec ton/ta partenaire. C'est bien recopié?

2 Relie les bulles aux images.

a À dix heures, j'ai musique.

b À quatre heures, j'ai espagnol.

c À neuf heures, j'ai anglais

d À trois heures, j'ai géographie.

e À onze heures, j'ai français.

f À deux heures, j'ai sport.

3a 📼 Recopie la grille. Écoute et complète.

MATIÈRE	JOUR	HEURE
informatique	jeudi	10h

3b Vérifie avec l'emploi du temps à la page 29.

Mots-clés

lundi
mardi
mercredi
jeudi
vendredi
samedi
dimanche

EMPLOI DU TEMPS

Jours / Heures	LUNDI	MARDI	MERCREDI	JEUDI	VENDREDI	SAMEDI
9 h	Anglais	Maths		Histoire	Français	Maths
10 h	Musique	Dessin		Informatique	Maths	Anglais
11 h	Français	Anglais		Géographie	EPS	Français
2 h	EPS	Physique		Espagnol	Histoire	
3 h	Géographie	Biologie		Maths	Anglais	
4 h	Espagnol	Français				

4 Regarde les illustrations et l'emploi du temps.
C'est quel jour? *Exemple* *C'est …*

EPS = *sport*

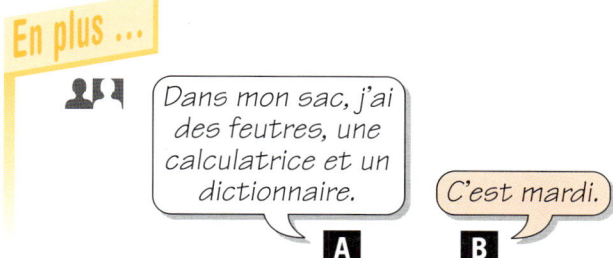

En plus …

Dans mon sac, j'ai des feutres, une calculatrice et un dictionnaire. **A**

C'est mardi. **B**

5 📼 Écoute Antoine. Vrai ou faux?
Exemple *1 – faux*

6a 📼 Écoute. Recopie et complète.
Exemple *Le mardi à 2 heures, j'ai ……*

b 📼 Écoute pour vérifier.

7 👥 Regarde l'emploi du temps. Pose des questions.

Qu'est-ce que tu as lundi à dix heures? **A**

J'ai musique. **B**

En classe

1a Relie les photos aux bulles.

b 📼 Écoute et répète.

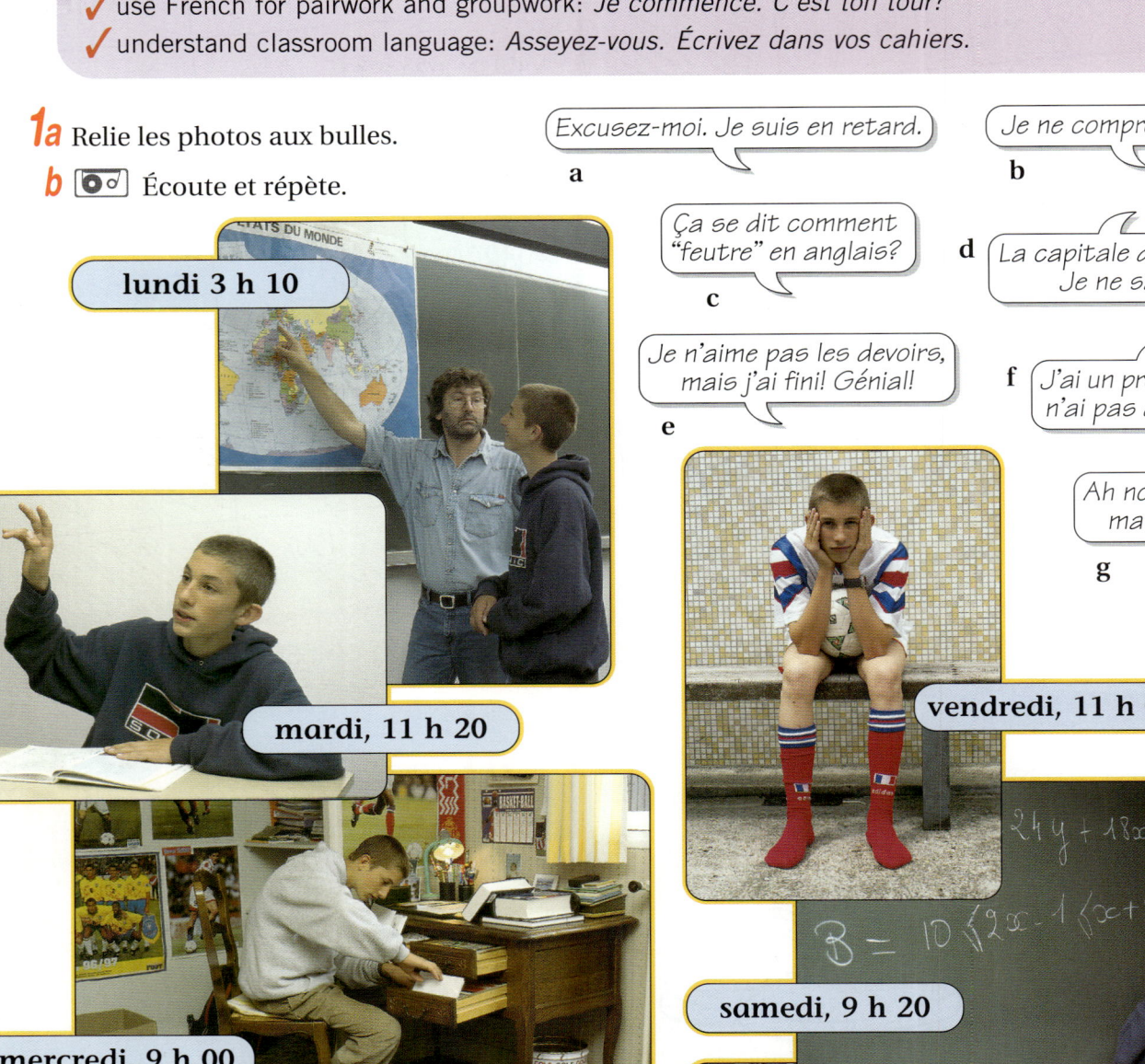

a — *Excusez-moi. Je suis en retard.*

b — *Je ne comprends pas.*

c — *Ça se dit comment "feutre" en anglais?*

d — *La capitale de l'Espagne? Je ne sais pas.*

e — *Je n'aime pas les devoirs, mais j'ai fini! Génial!*

f — *J'ai un problème. Je n'ai pas de tennis.*

g — *Ah non! J'ai perdu ma cassette!*

lundi 3 h 10

mardi, 11 h 20

mercredi, 9 h 00

jeudi, 10 h 10

vendredi, 11 h 05

samedi, 9 h 20

dimanche, 2 h 00

2 Regarde la page 30. C'est quel cours?
Exemple *lundi, c'est géographie*

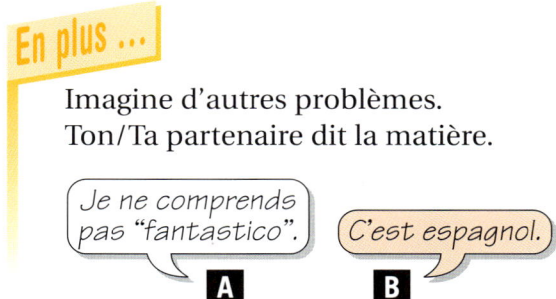

En plus …

Imagine d'autres problèmes.
Ton/Ta partenaire dit la matière.

Je ne comprends pas "fantastico". **A**

C'est espagnol. **B**

■■■■■■■■■■■■■■■■■■■■■■■■■■■

Expressions-clés

Excusez-moi. Je suis en retard.
Ça se dit comment … en anglais/français?
Je ne sais pas.
Je ne comprends pas.
J'ai un problème.
J'ai perdu …
Je n'ai pas de partenaire/tennis/cahier.
J'ai fini!

3a 🔊 Relie les phrases. Écoute la cassette pour vérifier.
Exemple *1 – e*

1 *Je n'ai pas de dictionnaire.*
2 *C'est quelle page?*
3 *Je commence?*
4 *Je suis A.*
5 *Tu as fini?*
6 *Ça s'écrit comment?*
7 *C'est ton tour?*

a *Oui, c'est mon tour.*
b *Et je suis B.*
c *C'est la page 62.*
d *Oui, j'ai fini.*
e *Voilà.*
f *Oui, tu commences. Vite!*
g *Je ne sais pas. Regarde dans le dictionnaire.*

3b 🔊 Réécoute. Imite la prononciation.

4 Regarde cette page et écris une liste d'expressions-clés. Colle la liste sur la première page de ton cahier.

5 🔊 Écoute et suis les instructions.

Zoom sur… *ne … pas*

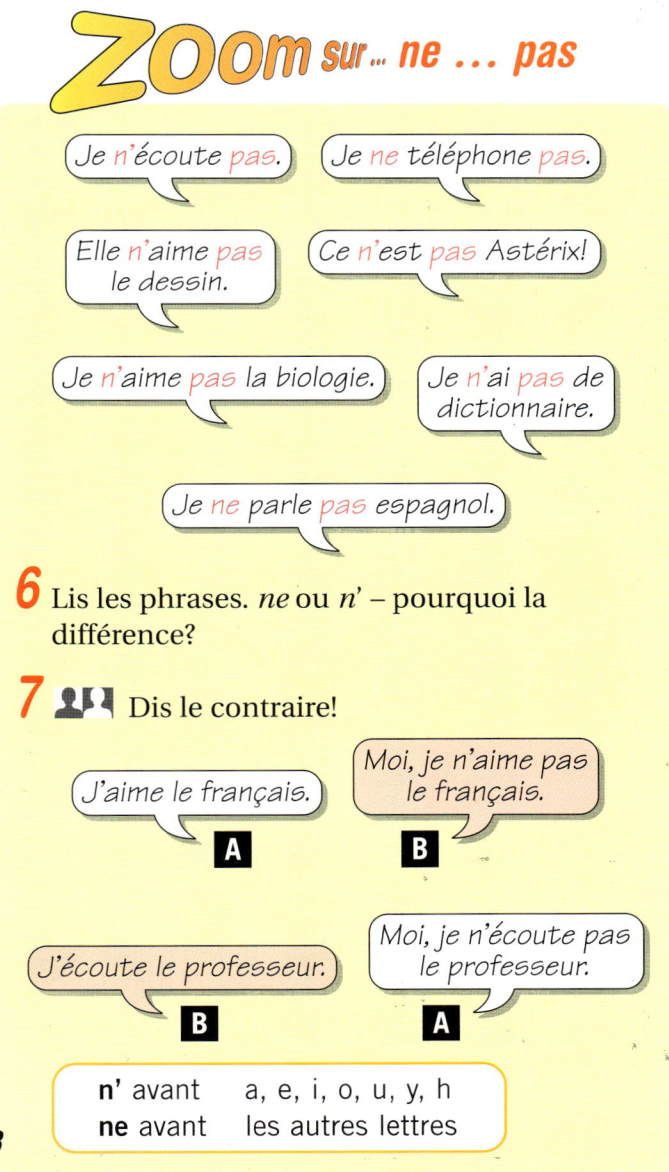

Je n'écoute pas.
Je ne téléphone pas.
Elle n'aime pas le dessin.
Ce n'est pas Astérix!
Je n'aime pas la biologie.
Je n'ai pas de dictionnaire.
Je ne parle pas espagnol.

6 Lis les phrases. *ne* ou *n'* – pourquoi la différence?

7 👥 Dis le contraire!

J'aime le français. **A**
Moi, je n'aime pas le français. **B**

J'écoute le professeur. **B**
Moi, je n'écoute pas le professeur. **A**

n' avant	a, e, i, o, u, y, h
ne avant	les autres lettres

148 ➡

Jeu du collège

Tu as un dé? Commence avec

Tu ne sais pas la réponse? Perds un tour.

Questions

- 🟧 C'est quelle matière? *C'est …*
- 🟦 Qu'est-ce que c'est? *C'est …*
- 🟩 Tu as un problème? *Je n'ai pas de …*
- 🟨 Tu aimes … ? *Oui/Non, c'est …*

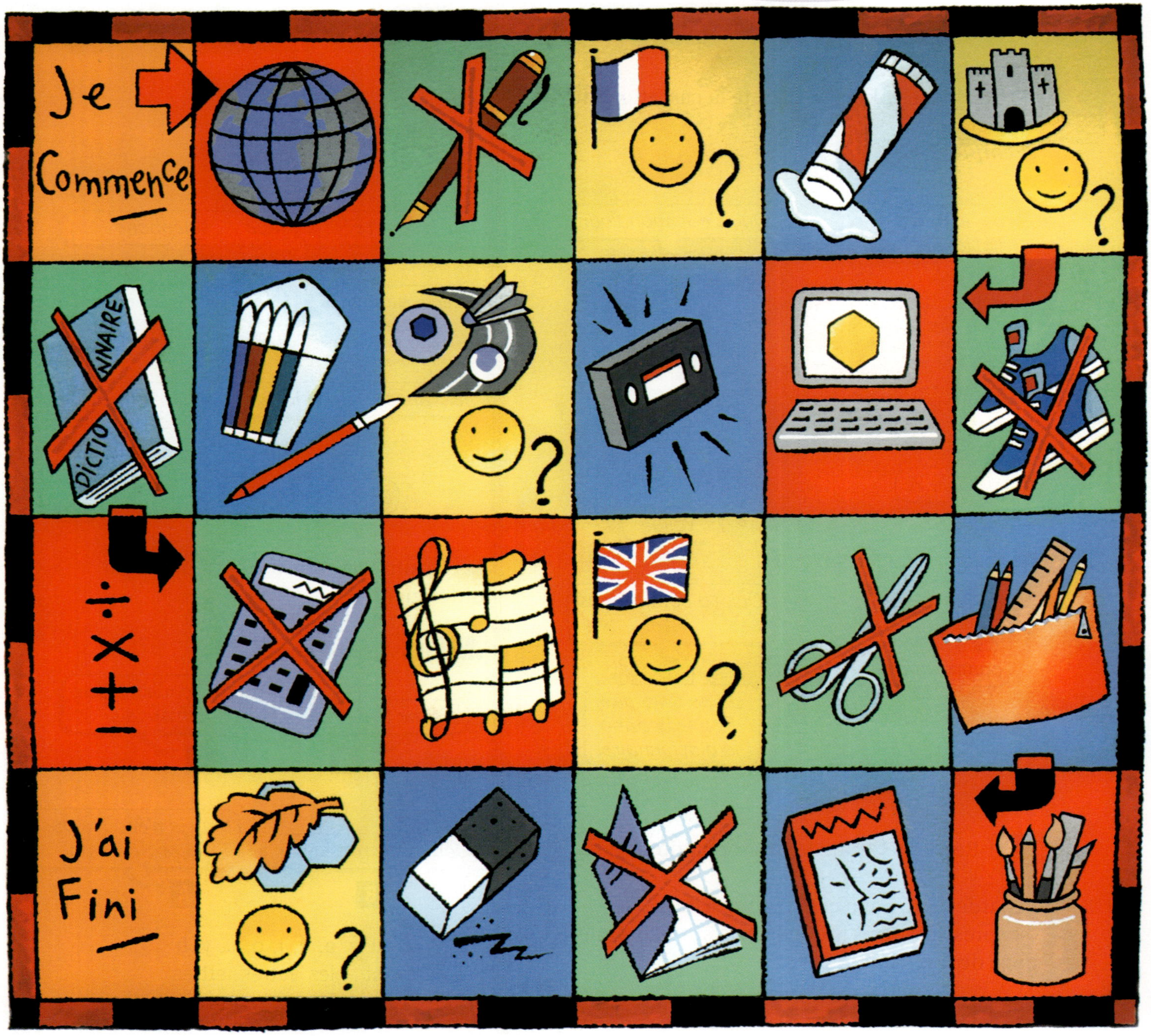

Interlude
Charlie le chat

Tu sais … ?

✓ parler de tes affaires d'école	*Qu'est-ce que tu as dans ton sac/ta trousse? Dans mon sac/ma trousse, j'ai un stylo, une gomme et des tennis. Je n'ai pas de crayon/feutres.* *Tu as un dictionnaire? Tu as des ciseaux? Oui, voilà. Non, désolé(e).*
✓ parler de l'emploi du temps	*Qu'est-ce que tu as mardi à onze heures? Lundi à quatre heures, j'ai français/maths/biologie.*
✓ donner des opinions	*Tu aimes la technologie? J'aime l'espagnol. Je n'aime pas les maths. C'est génial. C'est nul.*
✓ parler en français en classe	*Ça se dit comment "homework" en français? Je ne comprends pas. J'ai fini!*

Et en grammaire … ?

✓ des verbes en *-er*	*j'aime, tu aimes, il/elle aime le collège.*
✓ *ne … pas*	*je ne parle pas espagnol, je n'aime pas la musique, ce n'est pas Astérix.*

👥 En équipe

En groupe, préparez des informations sur le collège.

1 Imagine un alphabet scolaire. Dessine un poster.
Exemple

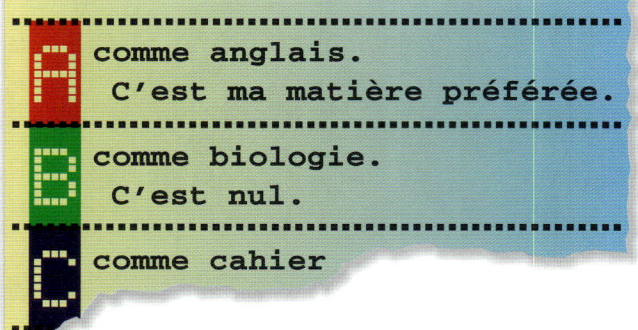

A comme anglais.
   C'est ma matière préférée.

B comme biologie.
   C'est nul.

C comme cahier

2 Recopie ton emploi du temps en français. Imite l'écriture française.

	Lundi	Mardi
8h30-9h30	Français	Maths
9h30-10h30	Biologie	

3 Prépare des graffiti.

Je n'aime pas le collège.

Le français, c'est génial!

4 Ta classe aime le français? Fais un sondage.

Tu aimes le français?

génial   nul

5 Prépare une cassette sur le collège. Parle pendant une minute si possible.

Mon collège s'appelle Cheshunt High School. Ma matière préférée, c'est … J'aime … C'est … Je n'aime pas … C'est …

Équipe-Magazine

Bienvenue au collège Georges Braque à Dieppe

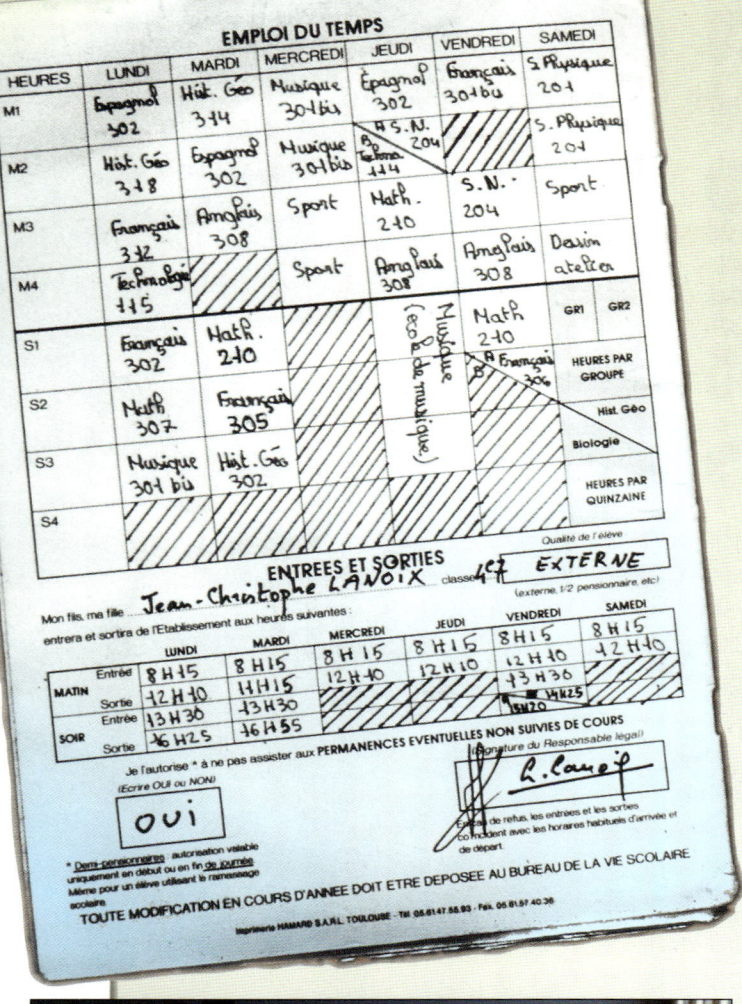

COLLÈGE G
Rue Louis F
76372 DIEP
Tél. : 02.32.
Fax : 02.32.

SEMAINE DU 5 AU 9 MAI 1997

LUNDI 5 MAI

HORS D'OEUVRES VARIES
SPAGHETTI BOLOGNAISES
SALADE VERTE
FROMAGES OU LAITAGES FRAIS
FRUITS

MARDI 6 MAI

HORS D'OEUVRES VARIES
ROTI DE BOEUF
CHOU-FLEUR AU GRATIN
FROMAGES OU LAITAGES FRAIS
DESSERTS

VENDREDI 9 MAI

CRUDITES
POULET ROTI
FRITES
FROMAGES OU LAITAGES FRAIS
GLACE - BISCUITS SECS

Les passe-temps

J'aime ça!

You will learn how to ...

✓ say which hobbies you like and dislike: *J'aime l'ordinateur. J'adore ça! Je n'aime pas la natation. Je déteste ça!*

✓ ask about someone's likes and dislikes: *Tu aimes la lecture?*

1 Lis et écoute.

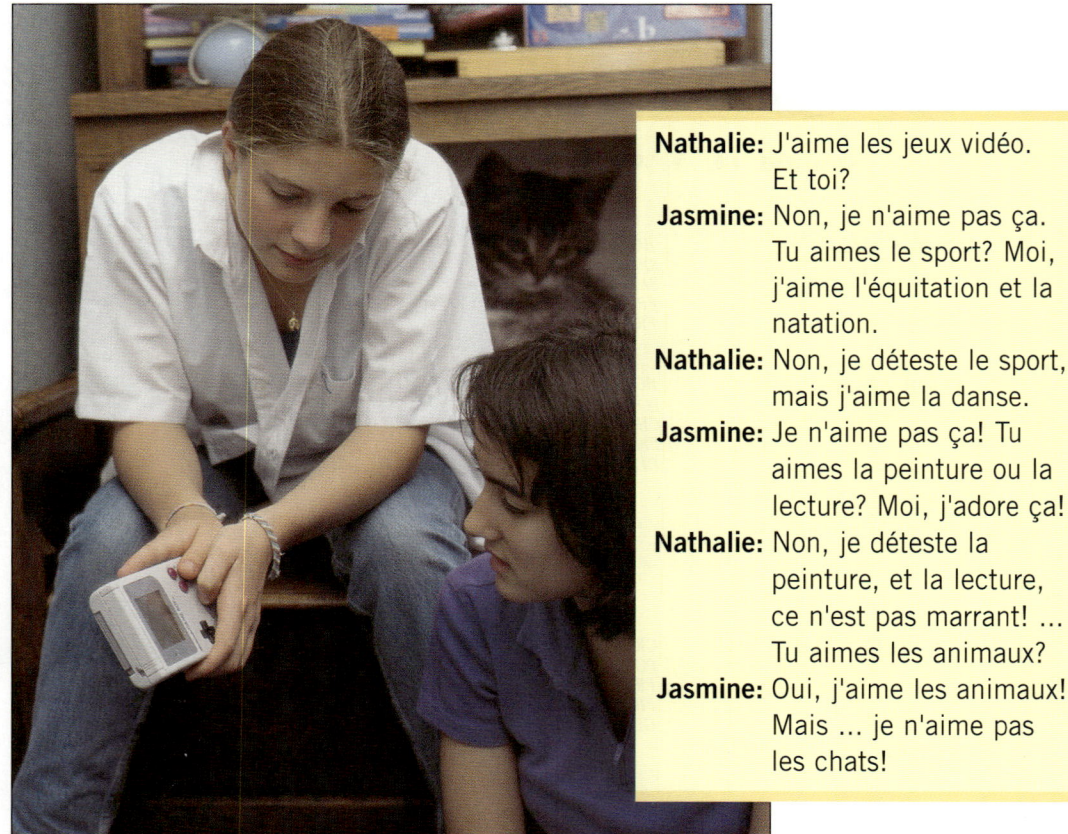

Nathalie: J'aime les jeux vidéo. Et toi?

Jasmine: Non, je n'aime pas ça. Tu aimes le sport? Moi, j'aime l'équitation et la natation.

Nathalie: Non, je déteste le sport, mais j'aime la danse.

Jasmine: Je n'aime pas ça! Tu aimes la peinture ou la lecture? Moi, j'adore ça!

Nathalie: Non, je déteste la peinture, et la lecture, ce n'est pas marrant! ... Tu aimes les animaux?

Jasmine: Oui, j'aime les animaux! Mais ... je n'aime pas les chats!

Guide pratique

Comme ça, c'est plus facile!

2 Organise les passe-temps de la page 36 en quatre listes.

le	la	l'	les
football tennis	danse		

3 Note trois passe-temps en secret. Devine les passe-temps de ton/ta partenaire.

Tu aimes la lecture? **A** — Oui, j'adore ça! **B** — Tu aimes la danse? **B** — Non, je n'aime pas ça! **A**

4a Recopie la grille. Écoute et complète.

a b c
d e f
g h

	♥
Christophe	a, g
Richard	
Mélanie	
Cécile	
Olivier	

En plus …

Réécoute. Qu'est-ce que les cinq jeunes n'aiment pas? ✗
Exemple Christophe – c

4b Choisis un(e) ami(e) pour Martin, Jasmine, Antoine et Nathalie.
Exemple Martin – Mélanie

4c Choisis un(e) ami(e) pour toi et ton/ta partenaire.
Exemple Mon amie, Tracy – Olivier

Expressions-clés

J'aime J'adore	la natation, la lecture, la musique, la danse
Je n'aime pas Je déteste	la télévision, la peinture
Tu aimes … ?	le skate, le football, le vélo, le sport, le cinéma
	l'ordinateur, l'équitation
	les animaux, les jeux vidéo

J'aime ça! J'adore ça!
Je n'aime pas ça! Je déteste ça!

Opinions

CORRESPONDANCE MONDIALE

6307. J'ai 12 ans et je voudrais correspondre avec une fille ou un garçon en Australie, Afrique ou Europe. J'aime la nature et les sciences. J'adore la lecture – c'est intéressant. À bientôt!
Thomas (Dordogne)

6308. J'ai 14 ans. Je cherche des correspondants. J'aime les animaux et Oasis. Écrivez-moi!
Hélène (Moselle)

6309. J'aime le théâtre, la musique, les films, les discos. Je n'aime pas le collège. Ce n'est pas marrant! Je parle anglais, français et arabe.
Khaled (Tunisie)

6310. J'ai 13 ans. Mon passe-temps préféré, c'est le sport (surtout le football et l'athlétisme). J'aime la musique (je joue de la guitare) et la lecture (surtout les bandes dessinées comme Astérix).
Lucie (Martinique)

6311. J'ai 14 ans. Je voudrais correspondre avec quelqu'un qui parle anglais. Moi, j'aime les voyages, l'équitation, la pêche et la lecture. Mon groupe préféré, c'est Blur. Je n'aime pas la télévision et je déteste le racisme. C'est nul!
Eddie (Paris)

Guide pratique

Un texte long? Ne panique pas!

1 Quelquefois le français, c'est comme l'anglais! Lis l'article *Correspondance Mondiale* et continue la liste.

correspondre
Australie
Afrique
Europe
nature
sciences
Oasis

2 Relie les images aux correspondant(e)s.

 **1**

 **2**

3

4

5

3 Choisis un(e) correspondant(e) pour toi.

4  Écoute Christine et prends des notes. Choisis un(e) correspondant(e) pour Christine.

En plus ...

Écris une petite annonce pour *Correspondance Mondiale*.

Quel est ton passe-temps préféré?

Martin

> Mon passe-temps préféré, c'est le sport. C'est génial!

Nathalie

> Mon passe-temps préféré, c'est les jeux vidéo. Super!

Antoine

> Mon passe-temps préféré? C'est la musique!

> Je n'ai pas de passe-temps préféré. J'aime le tennis. C'est super! J'aime aussi ....

Jasmine

5 Complète la bulle de Jasmine. Écoute pour vérifier.

6a Et toi? Quel est ton passe-temps préféré?

b Fais un sondage avec 10 personnes. Note les résultats.

Sondage – passe-temps préféré

Drôles de photos

3
1
2
4
5
6

7

> La photo numéro cinq, c'est quel passe-temps?
>
> **A**

> C'est la lecture.
>
> **B**

> Tu aimes ça?
>
> **A**

> Oui, j'aime ça. C'est intéressant.
>
> **B**

Expressions-clés

Quel est ton passe-temps préféré?
Mon passe-temps préféré, c'est le sport.

C'est super/génial/intéressant.

Ce n'est pas marrant. C'est nul.

En ville

You will learn how to ...

✓ say where you are going: *Je vais au cinéma. Je vais à la piscine.*

✓ ask where someone is going: *Tu vas où le week-end, Marc?*

Dieppe pour les jeunes

1a 🔊 Écoute Martin et Jasmine. C'est quelle photo?

Exemple 1 – I

b Dieppe, c'est intéressant ou nul pour les jeunes?

c Qu'est-ce que tu aimes?

Exemple J'aime la piscine.

Mots-clés

le café	la plage
le cinéma	la bibliothèque
le parc	la crêperie
le club des jeunes	la piscine
le centre sportif	la ville

ZOOm sur... *la préposition à*

2 Organise ces mots en deux listes.

le	la

club des jeunes

ville

cinéma

plage

parc

bibliothèque

piscine

café

crêperie

centre sportif

Je vais à la piscine, au centre sportif.

Je vais au cinéma.

Je vais au parc.

Je vais à la plage.

au/à la = ? en anglais
au/à la: pourquoi la différence? (Vérifie page 143.)

3 Écris une phrase pour chaque photo de la page 40.
Exemple A – Je vais à la bibliothèque.

143

> à + le = **au** *Je vais au cinéma.*
> à + la = **à la** *Tu vas à la piscine?*
> Exception: **en** ville

4 Continue ce poème.

> *Tu vas où, Christine?*
> *Je vais à la piscine.*
>
> *Tu vas où, Marc?*
> *Moi, je vais au parc.*

Aurélie crêperie

Asif centre sportif

Patricia cinéma

Hervé café

5 Écoute et imagine la fin des phrases. Écoute pour vérifier!

6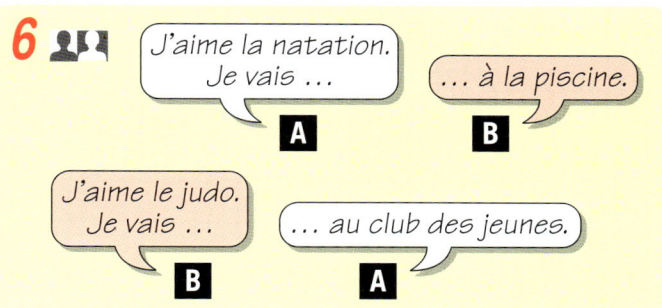

J'aime la natation. Je vais ... **A**

... à la piscine. **B**

J'aime le judo. Je vais ... **B**

... au club des jeunes. **A**

Au club des jeunes

You will learn how to ...

✓ say what you do: *Je fais du ping-pong, je retrouve des amis.*

✓ ask about someone's activities: *Qu'est-ce que tu fais le week-end /au club?*

Sylvain: *Je fais du judo, j'écoute de la musique et je surfe sur Internet.*

Mario: *Je fais du ping-pong et je regarde des vidéos.*

Vanessa: *Au club, je discute avec mes amis, je danse et je joue aux cartes.*

Nadia: *Au club, je retrouve des amis et je fais du baby-foot.*

1 🔊 Écoute les jeunes.

2 👥

Mario

A Choisis une personne en secret.

B Pose des questions pour deviner la personne.
A Réponds par oui ou non.

Tu fais du baby-foot? **B**   *Non.* **A**

Tu fais du ping-pong? **B**   *Oui.* **A**   *C'est Mario.* **B**

3 📻 Invente une phrase pour chaque activité au club. Écoute pour vérifier.
Exemple 1 – Je regarde des vidéos.

4 📻 Écoute et complète une fiche d'inscription pour Damien, Anne et Rachid. Choisis un(e) ami(e) pour Mario (page 42).

CLUB DES JEUNES
15, rue du Port, Dieppe

Fiche d'inscription

Nom: ....

Âge: ....

Passe-temps: ....

....

....

5 👥 Interviewe ton/ta partenaire et complète une fiche.

> Qu'est-ce que tu fais le week-end?

Ça se dit comme ça!

6 📻 Écoute et répète.
Un chasseur sachant chasser sait chasser sans son chien.

> Mon passe-temps préféré, c'est la chasse.

Expressions-clés

Qu'est-ce que tu fais (le week-end/ au club)?
Je joue aux cartes
Je danse
Je regarde des vidéos
Je retrouve des amis
Je fais du ping-pong/du baby-foot
J'écoute de la musique
Je surfe sur Internet
Je discute avec des amis
Je fais du théâtre
Je fais du judo

Le week-end, c'est super!

Tu vas où le week-end, Marc?

Je vais au club avec Anne,
Je retrouve aussi Laura et Antoine.
J'aime la musique et le vélo,
J'aime aussi les jeux vidéo.

Refrain
Le week-end, c'est super!
Le week-end, c'est sympa!
Le week-end, c'est génial!
Le week-end, moi, j'aime ça!

Tu vas où le week-end, Jeanne?

J'aime aller au cinéma,
Je retrouve Christelle et Amina.
J'aime bien les films de science-fiction,
Mais je préfère les films d'action!
Refrain

Tu vas où le week-end, Claire?

Moi, je vais au centre sportif,
Je retrouve aussi Clément et Asif,
J'aime beaucoup la natation,
Mais le football, c'est fatigant!
Refrain

1 Lis et écoute la chanson.
Regarde les images. C'est à qui?
Exemple a – Claire

2 B ferme le livre. Qui dit ça?

Je vais au club des jeunes. **A**

C'est Marc. **B**

3 À toi! Qu'est-ce que tu fais le week-end?
Écris un couplet pour la chanson.

Interlude

Charlie le chat

Tu sais … ?

✓ parler des passe-temps

Tu aimes l'équitation? Quel est ton passe-temps préféré?
J'aime la lecture. Moi, j'adore ça! Je n'aime pas la danse. Je déteste ça.
Mon passe-temps préféré, c'est le football.
Tu vas où, Marc? Je vais au centre sportif et à la piscine.
Qu'est-ce que tu fais le week-end? Je joue aux cartes, je fais du judo
et je retrouve mes amis.

✓ donner des opinions

La télévision, c'est génial. Le vélo, ce n'est pas marrant.

Et en grammaire … ?

✓ *au, à la* — *au parc, à la piscine*

✓ des verbes avec *je* et *tu* — *je discute/tu discutes avec des amis, je/tu fais du judo, je vais/tu vas au parc*

En équipe

Le mercredi

En groupe, préparez un nouveau "club loisirs"!

1 Dessine un poster pour le club.

> Nom? Adresse? Téléphone? Activités?
>
> Heures d'ouverture? Slogan? Entrée: ?

2 Prépare le programme idéal pour le club.

> lundi
>
> 6h30 poterie
> 8h00 disco

3 Prépare (à l'ordinateur si possible) une fiche d'inscription pour le club. Cherche des membres!

4 Prépare une petite annonce pour la radio.

> Club Amitié, le nouveau club loisirs, au collège Andrew Marvell tous les jours de six heures à huit heures et demie et le samedi de quatre heures à dix heures. Activités super! Cuisine, jeux de société ...

CLUB AMITIÉ

au collège Andrew Marvell

Queen Street

lundi—vendredi 6h—8h30
samedi 4h—10h
Entrée 50p

Bricolage
Cuisine
Ping-pong
Informatique
Jeux de société
Basket et volley
Télévision

CLUB AMITIÉ, C'EST POUR TOUT LE MONDE!

Équipe-Magazine

Les passe-temps préférés de la classe sixième A au collège Georges Braque à Dieppe.

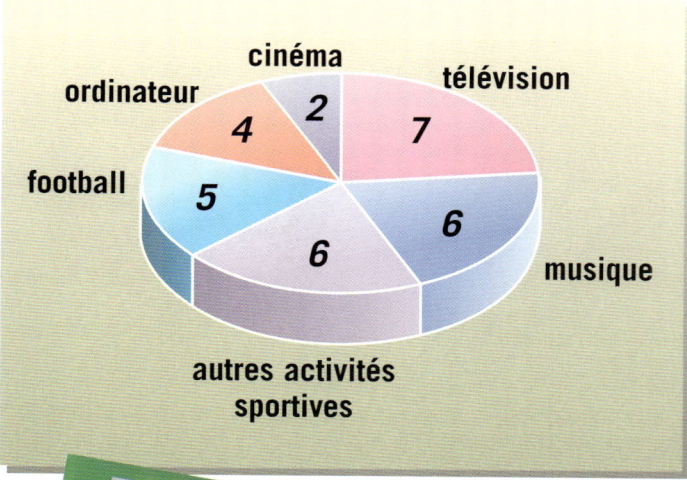

ordinateur — cinéma — télévision
4 — **2** — **7**
football — **5** — **6** — **6** — musique
autres activités sportives

L'équitation, c'est génial

Pêche PRATIQUE

Comment bien choisir un panier-siège

BLACK-BASS 2 techniques faciles pour l'été

Vos VACANCES à la PÊCHE
■ Le guide des meilleures amorces
■ Friture: deux lignes, c'est tout !
■ Trois montages pour débuter à l'anglaise

ULTRA-LÉGER Réussir le lancer sous la main

SANDRES
En lac, nos comb... pour ...

J'aime la pêche

CHEVAL-STAR
LE MAGAZINE DES JEUNES CAVALIERS

Un premier **concours réussi**

Psycho-test : Est-ce que tu le comprends ?

Monter sans se démonter
Le cheval qui embarque

3€

Chère Hélène

J'ai un grand problème avec mon frère Thomas. J'ai 13 ans et Thomas a 15 ans. Nous partageons une chambre et c'est impossible!
Moi, j'aime la lecture et l'ordinateur ... les passe-temps calmes. Thomas aime la musique pop, jouer de la guitare électrique et discuter avec des amis. C'est difficile dans la même chambre! Que faire?

Baptiste

Révisions Unités 1, 2, 3

Regarde les sections "Tu sais …?"
pages 21, 33 et 45.

Les affaires de Nathalie

1a Sur la photo, trouve sept objets qui commencent par la lettre **C**.
Exemple cassettes

b Combien? Écris une liste de tous les objets.
Exemple cinq crayons, trois cassettes …

c  Dessine un sac avec cinq objets. Ton/Ta partenaire devine ce que tu as.

> Tu as des ciseaux? **A**

> Oui, j'ai des ciseaux./ Non, désolé(e). **B**

Infos sur Internet

2a Lis les renseignements. Recopie et complète la fiche de Karima.

Nom: ....

Âge: ....

Anniversaire: ....

Habite: ....

Frères/Sœurs: ....

Animaux: ....

Au collège, aime: ....

Activités soir/week-end: ....

....

b Écris un message pour l'Internet, avec des renseignements sur toi.

Message

Salut! Je m'appelle Karima Nedjam et j'ai douze ans. Mon anniversaire, c'est en été, le 22 juillet.

J'habite à Marseille. J'aime beaucoup Marseille. J'ai une sœur et deux frères. J'adore les animaux, mais je n'ai pas d'animal chez moi.

Au collège, j'aime le dessin et les maths. Je n'aime pas l'histoire. Le soir, je regarde la télévision ou je lis.

Le week-end, je vais en ville – je fais les magasins ou je vais au cinéma.

Je cherche des correspondants ou correspondantes par courrier électronique. J'attends ton message!

Au micro

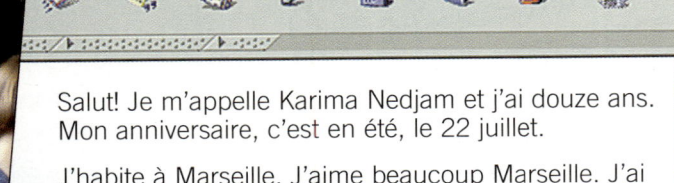

| Mathieu | Estelle | Olivier | Claire |

3 Écoute. Prends des notes.

ÂGE * ANNIVERSAIRE * AIME * N'AIME PAS

Exemple Mathieu – 14 ans, 31 janvier, aime la biologie et la télévision, n'aime pas l'anglais/le sport

Casse-tête

4 Qui est Max?

Max

*J'ai treize ans.
J'habite à Dieppe.
Mon anniversaire est en automne.
J'ai un frère, mais je n'ai pas de sœurs,
et j'ai un chat. Au collège, j'aime le français et
l'informatique. Je déteste les maths. Le week-end,
je vais à la patinoire ou au club des jeunes.
Je n'aime pas regarder la télévision,
mais j'adore écouter de la musique
et je joue du piano.*

Le numéro un a douze ans.

Le numéro cinq a un chat.

Le numéro deux habite à Dieppe.

Le numéro trois n'habite pas à Dieppe.

Le numéro quatre aime le français.

Le numéro deux n'aime pas les maths.

Le numéro un aime écouter de la musique.

L'anniversaire du numéro quatre, c'est le 24 octobre.

L'anniversaire du numéro cinq, c'est le 3 avril.

Le numéro trois a un cheval.

Le numéro deux aime beaucoup écouter de la musique.

Le numéro quatre aime regarder la télévision.

Tu aimes?

5a 👥 Choisis quatre choses que tu aimes et quatre choses que tu n'aimes pas. Fais deux listes.

A lit ses listes.

> *J'aime le football. Je n'aime pas la lecture.*

B prend des notes.
Exemple aime football, n'aime pas lecture.

5b Écris des phrases sur ton partenaire.
Exemple Andy aime le football. Il n'aime pas la lecture.

Ma famille

C'est qui?

You will learn how to …

✓ ask who someone is: *C'est qui?*
✓ identify the members of your family: *C'est Daniel, c'est mon père, c'est ma mère*

Le jeu des sept familles

Dimanche, à quatre heures, Jasmine, Martin, Nathalie et Antoine jouent au jeu des sept familles.

1 la mère Laforme

2 le père Laforme

3 le fils Laforme

4 la fille Laforme

5 la grand-mère Laforme

6 le grand-père Laforme

1a 📼 Écoute. Trouve les cartes.

b 📼 Écoute et dis le numéro.

c 📼 Écoute. Donne le nom de la personne.

2 👥 Test de mémoire: ferme le livre et pose des questions.

A Le numéro 5, c'est qui?

B C'est la grand-mère.

Plus tard, Antoine montre ses photos de vacances à Jasmine.

> **Antoine:** C'est ma mère et mon père, bien sûr.
> **Jasmine:** Tes parents, ah oui! Et ça, c'est qui?
> **Antoine:** C'est ma tante, avec mon cousin Marc et ma cousine Juliette.
> **Jasmine:** Et ça, c'est qui?
> **Antoine:** Ça, c'est mon oncle Georges.

3 [🔊] Écoute la conversation entre Antoine et Jasmine. Trouve les photos.

4 C'est la famille de Jasmine. Relie les bulles aux photos.

> C'est ma sœur.
> C'est ma grand-mère.
> C'est mon père.
> C'est mon frère.

Guide pratique

Attention aux accents!

En français, il y a des accents. Regarde ces mots.

mère	mémoire	règle
vêtements	voilà	désolé
répète	père	préféré

5 Il y a combien d'accents différents?

Attention!
Les accents changent la prononciation.

6 Regarde les pages 24–26 et trouve 10 mots avec un accent. Compare ta liste avec ton/ta partenaire.

7 Il y a aussi **ç** comme dans le mot *français*. Il se prononce **s**. Regarde page 27 et trouve un autre mot avec **ç**.

Expressions-clés

C'est mon père.	C'est ma mère.	(mes parents)
C'est mon frère.	C'est ma sœur.	
C'est mon grand-père.	C'est ma grand-mère.	(mes grands-parents)
C'est mon cousin.	C'est ma cousine.	
C'est mon oncle.	C'est ma tante.	

Zoom sur... mon, ma, mes

En français:	**mon** père	**ma** sœur	**mes** parents
En anglais:	?	?	?

mon/ma/mes: pourquoi la différence?

Pour parler d'une personne

1 Trouve des membres de la famille à la page 51 et continue les listes:

mon	ma	mes
père	mère	

2 Recopie et complète les phrases avec *mon*, *ma* ou *mes*.

a C'est ...... père et ...... mère.
b Voilà ...... trois frères.
c C'est ...... sœur avec ...... grands-parents.
d C'est ...... oncle et ...... tante.
e C'est ...... cousin Paul et ...... cousines
   Anne et Christelle.

3a Regarde le dessin. Imagine. Qui est dans ta famille?
Exemple *Ma famille, c'est moi, ma mère, mes ...*

MOI

3b Parle de ta famille.

un ... /le ...	→	mon ...
une .../la ...	→	ma ...
des .../les ...	→	mes ...

Pour parler d'un objet

4 👥 Regarde l'illustration. Pose des questions.

Numéro 1, qu'est-ce que c'est? **A**

C'est un feutre. **B**

5 Recopie et complète.

Zut! J'ai perdu mon crayon, ... gomme, ... papier, mon ......, ma ...... et mes ......

Voici ma sœur

You will learn how to …

✓ give the names and ages of people in your family: *Il s'appelle Antoine.*
Elle s'appelle Jasmine. Il/Elle a quatorze ans.

✓ say where people live: *Il/Elle habite à Dieppe.*

✓ ask other people's names and ages: *Il/Elle s'appelle comment? Il/Elle a quel âge?*

1a 📼 Écoute Antoine.
Trouve la bonne photo pour

Marc   **Mélissa**   **Denis**   **Juliette**

a   b   c   d

1b 📼 Réécoute. Note l'âge.
Exemple Denis – 5 ans

2 **il** ou **elle**? Fais deux listes.

Martin	*mon père*	*la tante*
l'oncle	*Juliette*	*un ami*
le frère de Jasmine	*ma cousine*	*la sœur d'Antoine*

Expressions-clés

mon	frère	s'appelle …	ma	sœur	s'appelle …
	père	a … ans		mère	a … ans
	oncle	habite …		cousine	habite …
	copain	aime …		copine	aime …

il	elle
il s'appelle comment?	elle s'appelle comment?
il a quel âge?	elle a quel âge?

3a 👥 Choisis trois jeunes.
Décris les jeunes. C'est qui?

 *Elle a quatorze ans. Elle habite à Dieppe. Elle s'appelle comment?* 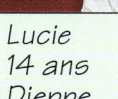 **A**

Elle s'appelle Lucie. **B**

Lucie	Robert	Élise
14 ans	11 ans	12 ans
Dieppe	Paris	Lille

Florian	Aurélie	Karim
16 ans	13 ans	15 ans
Dieppe	Cannes	Lyon

3b 👥 **A** ferme le livre.

Lucie, elle a quel âge? **B**   *Elle a 14 ans.* **A**

 **En plus …**

Écris les descriptions.

4 Décris des gens que tu connais: des amis, les membres de ta famille.
Exemple Ma mère s'appelle Janet. Elle a quarante ans. Elle habite à Londres.

Les secrets de la personnalité

Le frère idéal

a Il est sympa.
b Il est intelligent.
c Il est courageux.
d Il est marrant.
e Il est patient.
f Il est sérieux.
g Il n'est pas timide.
h Il est travailleur.
i Il n'est pas violent.

La sœur idéale

a Elle est sympa.
b Elle est intelligente.
c Elle est courageuse.
d Elle est marrante.
e Elle est patiente.
f Elle est sérieuse.
g Elle n'est pas timide.
h Elle est travailleuse.
i Elle n'est pas violente.

1 Écoute Jasmine, Antoine, Nathalie et Martin. Note les qualités.
Exemple Jasmine – c, h

2 Choisis trois adjectifs pour décrire chaque personne.
Exemple 1 – Elle est travailleuse, intelligente et sympa.

3a Donne ton opinion. Un frère idéal, c'est quoi? Écris la liste des qualités (a–i). Commence avec la qualité la plus importante pour toi.

b Et une sœur idéale? Écris une liste des qualités.

4 Interviewe un(e) partenaire. Il/Elle répond:

oui, je suis (très) …   je suis assez … non, je ne suis pas …

> Tu es comment? Tu es sympa? **A**

> Oui, je suis sympa. **B**

> Tu es intelligent? **A**

> Je suis assez intelligent. **B**

5 Décris tes profs.

> Monsieur Thomas, il est comment? **A**

> Il est marrant. Madame Jones, elle est comment? **B**

> Elle est patiente et travailleuse. **A**

6 Tu es comment? Décris ta personnalité.

> Moi? Je suis travailleur, patient, …

Jasmine décrit sa famille

7a Lis la lettre et trouve les réponses.

a La grand-mère s'appelle comment?
b Le frère s'appelle comment?
c Le père a quel âge?
d La sœur a quel âge?
e Le père habite où?
f La sœur habite où?
g Jasmine habite où?
h Avec qui?
i La grand-mère est comment?
j La sœur est comment?
k Le frère est comment?
l Le père est comment?

7b Décris ta famille au brouillon.
Ton/Ta partenaire lit et corrige.
Écris ta description au propre.

Je m'appelle Jasmine Fournier. J'ai treize ans et j'habite à Dieppe avec ma grand-mère.

Ma grand-mère s'appelle Yvonne. Elle a soixante-six ans. Elle est sympa et elle est très patiente avec moi. Elle aime la lecture et la musique.

Mon père s'appelle Richard. Il a quarante-cinq ans. Il est très travailleur. Il habite au Canada. Il aime la cuisine.
Ma mère est morte.

J'ai un frère. Il s'appelle Nicolas. Il a vingt et un ans. Il habite à Paris. Il est très intelligent et il va à l'université. Il est sportif. Il aime le football.

J'ai une sœur. Elle s'appelle Anne-Sophie. Elle a dix-neuf ans et elle habite à Paris. Elle est marrante. Elle aime la danse.

ZOOM sur... les adjectifs

MASCULIN	FÉMININ
un oncle sympa	**une** tante sympa
un frère intelligent	**une** sœur intelligent**e**
un copain marrant	**une** copine marrant**e**
un père travaill**eur**	**une** mère travaill**euse**

8 Page 54, trouve:

a deux adjectifs qui ne changent pas
b quatre adjectifs qui prennent -e au féminin
c trois adjectifs avec un masculin en -eur/-eux et un féminin en -euse.

141

Tu es comment?

You will learn how to ...

✓ say what you look like: *Je suis très mince. Je suis brun(e). J'ai les cheveux longs et frisés.*

✓ say what someone else looks like: *Il est assez gros. Elle est grande.*

✓ ask what someone's hair is like: *Tes/Ses cheveux sont comment?*

il est grand • elle est grande • La Famille Lafrousse • il est petit • elle est petite • il est gros • elle est grosse • il est mince • elle est mince

Les quatre copains

Nathalie • Jasmine • Antoine • Martin

Expressions-clés

être – *to be*

Je	suis	} grand(e)/mince/patient(e)
Tu	es	
Il	est	grand/mince/patient
Elle	est	grande/mince/patiente

1 🔊 Écoute les descriptions. Note la description de Jasmine, Martin et Nathalie.
Exemple Antoine – assez petit, assez mince

👥 Utilise tes notes: **A** décrit une personne, **B** devine qui c'est.

> *Il est assez petit et assez mince. C'est qui?* **A**

> *C'est Antoine.* **B**

2 Regarde les cartes, page 50. Lis les descriptions. C'est qui?
Exemple a – la mère Laforme

a Elle est grande et elle est mince.
b Il est grand et il est gros.
c Il est petit et il est assez gros.
d Elle est assez petite et assez grosse.
e Il est assez grand et très mince.
f Elle est petite et elle est mince.

Décris-toi.

Festival de la coiffure

On cherche des mannequins!

Attention les garçons!
Tu es …
blond?
brun?
roux?

Attention les filles!
Tu es …
blonde?
brune?
rousse?

Téléphone à Top Agence au 26.32.19.19.

3a 🔊 Écoute. Note la couleur des cheveux de Murielle, Kévin, Farida, Alexandre, Isabelle, Luc et Sophie.
Exemple Murielle – blonde

Trouve ton style …

cheveux courts   cheveux longs

cheveux frisés   cheveux raides

3b 🔊 Réécoute les conversations. Longs ou courts? Raides ou frisés? Prends des notes.
Exemple Murielle – longs, frisés

4 Ses cheveux sont comment?
Exemple a – Elle est brune. Elle a les cheveux longs et frisés.

5 👥 **A** Tu travailles à Top Agence et tu réponds au téléphone.
B Tu téléphones à Top Agence. Donne ton nom/une description de tes cheveux.
Exemple

A: Allô, Top Agence.
B: Bonjour. Vous cherchez des mannequins?
A: Oui. Tu t'appelles comment?
B: Je m'appelle …
A: Tes cheveux sont comment?
B: Je suis … J'ai les cheveux …

6 Décris les cheveux de huit personnes (copains, membres de ta famille, professeurs, stars).
Exemple Mon frère est roux. Il a les cheveux courts et raides.

Expressions-clés

je	suis	blond(e)/brun(e)/roux (rousse)
tu	es	
il	est	blond/brun/roux
elle	est	blonde/brune/rousse

J'	ai			longs
Tu	as	les cheveux		courts
Il	a			raides
Elle	a			frisés

Mots nouveaux

You will learn how to …

✓ find out what new words mean
✓ pronounce words that end in -s or -e

Guide pratique

Un problème?

"Venimeux", qu'est-ce que ça veut dire?

SERPENT VENIMEUX

Trois solutions …

1 Devine!

Mon frère est ingénieur
My brother is … an engineer/a salesman?

Ma sœur est médecin.
My sister is … a computer programmer/a doctor?

medicine

1 Qu'est-ce que ça veut dire? Devine!

a dangereux
b un explorateur
c un dictionnaire
d un aéroport
e un ticket d'autobus
f le gouvernement italien

2 Demande!

Qu'est-ce que ça veut dire, "un cadeau"?

2 Lis le texte. Un mot nouveau? Demande au professeur.

Salut! Je m'appelle Alain. Mes parents sont viticulteurs. J'ai une sœur, Sabine. Elle est marrante et assez bavarde. Le week-end, je fais des promenades à vélo. J'ai un VTT. Mon copain s'appelle Bruno. Il est rigolo. C'est mon voisin.

3 Cherche!

Regarde les pages 154–159. Il y a une liste de mots et expressions, par ordre alphabétique.

3a Mets les adjectifs par ordre alphabétique.

méchant écossais beau pauvre
drôle jeune mauvais dur vieux

b Cherche les adjectifs, pages 154–159. Donne l'équivalent en anglais.

> Attention! Tu cherches un adjectif féminin? Mets l'adjectif au masculin.
> **Exemple** jolie *(fém.)* → joli *(masc.)*

Ça se dit comme ça!

Le -s et le -e à la fin des mots

4 📼 Écoute. Est-ce que la prononciation est la même (✓) ou différente (✗)?

1 *mon frère – mes frères*
2 *une personne – trois personnes*
3 *grand – grande*
4 *Il a – Tu as*

5 *un petit garçon – deux petits garçons*
6 *un petit garçon – une petite fille*

Important!
mot + -s: la prononciation change?
mot + -e: la prononciation change?

Interlude
Charlie le chat

Tu sais … ?

✓ parler de la famille	*C'est qui? C'est Daniel, mon père, ma mère, mon frère, ma sœur, mon oncle, ma tante, mon grand-père, ma grand-mère.* *Il/Elle s'appelle comment? Il/Elle a quel âge?* *Il/Elle s'appelle … Il/Elle a 12 ans.*
✓ décrire la personnalité de quelqu'un	*Tu es comment? Il/Elle est comment? Je suis, Tu es, Il/Elle est sympa, travailleur/travailleuse, marrant(e), timide, patient(e)*
✓ décrire l'apparence physique de quelqu'un	*Je suis, Tu es, Il/Elle est (très/assez) petit(e), grand(e), mince, gros/grosse* *Tes/Ses cheveux sont comment? Je suis, Tu es, Il/Elle est blond(e), brun(e), roux/rousse. J'ai, Tu as, Il/Elle a les cheveux courts, longs, raides, frisés*

Et en grammaire … ?

✓ *mon, ma, mes*	*mon père, ma mère, mes sœurs*
✓ *il, elle* + verbe	*il s'appelle Antoine, elle est petite*
✓ le masculin et le féminin des adjectifs	*grand/grande, marrant/marrante, travailleur/travailleuse*

👥 *En équipe*

1 Prépare un jeu des sept familles. Joue avec des camarades de classe.

> Tu as le père dans la famille Fantôme? **A**
> Oui, voilà. **B**
> Tu as la mère dans la famille Laforme? **A**
> Non, désolé(e). **B**

2 Prépare un album de vedettes.

- Dans un magazine, découpe la photo d'une personne célèbre.
- Colle la photo sur une feuille blanche.
- Écris une description de la personne.

Il s'appelle Christian Karembeu. Il a 27 ans. Il est assez grand. Il est mince. Il est brun. Il a les yeux marron. Il aime le football.

3 Attention! La police recherche un criminel dangereux.

Imagine: la police recherche un criminel dangereux ou une criminelle dangereuse. C'est qui? Un membre de ta famille, un copain ou une copine, un professeur? Fais un poster.

- Écris le titre: <u>Avis de recherche!</u>
- Dessine la personne, ou colle sa photo, sur le poster.
- Écris une description de la personne.
- Colle ton poster au mur.

**Il s'appelle Thomas Terreur.
Il a trente ans.
Il habite à Dieppe.
Il est grand. Il est assez gros.
Il a les cheveux courts et raides.**

Équipe-Magazine

 **On chante!**

La Famille Fantôme

Refrain
La Famille Fantôme
Est à la maison … (ouh! ouh! ouh! ouh!)

Ça, c'est le père.
Il s'appelle Albert.
Il est gros et il est grand,
Mais, non, il n'est pas violent.
Refrain

Ça, c'est la mère.
Elle s'appelle Anne-Claire.
Elle est grosse et elle est grande,
Mais elle n'est pas très marrante.
Refrain

Ça, c'est le frère.
Il s'appelle Jean-Pierre.
Il est mince et il est petit,
Mais il n'est pas très gentil.
Refrain

Ça, c'est la sœur.
Elle s'appelle Anne-Fleur.
Elle est mince et elle est petite,
Mais elle n'est pas très dynamique.
Refrain

Portrait d'un acteur

Nom: Cyril AUBIN

Âge: 24 ans

À la télé: dans l'émission *Le miel et les abeilles*

Son rôle dans la série: il s'appelle Johnny. C'est le rocker fou!

Ses premiers pas: il est fils de comédien. Il tourne dans des films depuis l'âge de 10 ans.

Qualité: tendre

Défaut: entêté

CORRESPONDANTS / CORRESPONDANTES

13567: Salut! Je m'appelle Léa. J'ai 12 ans. Je suis petite, je suis rousse et je suis très sympa! J'aime le football et les jeux vidéo. Écris-moi vite!

13568: Je m'appelle Jonas et j'ai 13 ans. Je suis calme et sérieux. J'aime le dessin et la télévision. Je suis assez grand et je suis blond.

13569: Bonjour! Je m'appelle Agathe. Je suis grande, mince, intelligente, mais paresseuse. J'ai les cheveux longs et frisés. J'adore la musique et le sport.

13570: Salut les amis! Je suis Romain. Je suis gentil mais un peu fou! J'aime les animaux: j'ai deux chiens et une perruche à la maison. J'ai les cheveux courts et je suis très grand.

13571: Je m'appelle Isabelle. Je suis assez timide et, en général, optimiste. J'aime le tennis et la lecture. Je suis assez grande et je suis blonde.

Tu habites où?

Chez moi

You will learn how to …

✓ describe where you or someone else lives: *J'habite dans un immeuble.*
Il habite dans une ferme à la campagne.

✓ say who lives on which floor: *J'habite au rez-de-chaussée.*
Martin habite au premier étage.

Une enquête de police

1 🔊 Lis et écoute.

Policier 1: On cherche un jeune délinquant.
Il s'appelle Julien Belfort.
Policier 2: Qui habite ici?
Jasmine: Moi, je m'appelle Jasmine et j'habite au
rez-de-chaussée avec ma grand-mère. J'ai
trois amis dans l'immeuble. Martin habite
au premier étage, Antoine habite au
deuxième étage et Nathalie habite au
troisième étage. Il n'y a pas de Julien ici!

2 C'est l'appartement de qui?
*Exemple a – C'est
l'appartement de Jasmine.
Elle habite au rez-de-
chaussée.*

Expressions-clés

J'habite		troisième étage
Il habite	au	deuxième étage
Elle habite		premier étage
		rez-de-chaussée
C'est l'appartement de Jasmine		

Les photos de Jasmine

<u>Canada</u>
Mon père habite dans un camping-car à la campagne.

<u>France, Paris</u>
Mon frère habite dans un appartement en ville.

<u>France, Paris</u>
Ma sœur habite dans une maison à Paris.

<u>Sénégal</u>
Mon correspondant habite dans une ferme dans un village.

3  Qui parle?
Exemple   1 – C'est le père de Jasmine.

4 A choisit une identité. B pose des questions. A répond par oui ou non.

Tu habites à la campagne?
B

Non.
A

Tu habites dans un appartement?
B

Oui.
A

Tu es le frère de Jasmine!
B

En plus …
Tu habites où? Et les membres de ta famille?

Expressions-clés

J'habite	dans un immeuble	en ville
Tu habites	dans une maison	à la campagne
Il habite	dans une ferme	dans un village
Elle habite	dans un appartement	à Paris
	dans un camping-car	

Guide pratique

5 Regarde les extraits du dictionnaire.

féminin

maison   *nf*   house

Ma sœur habite dans **une** maison. **La** maison est grande.

masculin

immeuble   *nm*   block of flats

Jasmine habite dans **un** immeuble. Elle aime **l'**immeuble.

6 Organise ces mots en deux listes. Vérifie dans un dictionnaire.

masculin	féminin

campagne   immeuble   caravane
étage   appartement   ferme
château

Rappel
le / la + a e i o u = l'

rez-de-chaussée

Visite au château

You will learn how to …

✓ say where different rooms are: *Au sous-sol, il y a une cave. Au premier étage, il y a trois chambres.*

✓ ask about the rooms in someone's house: *Chez toi, la cuisine est comment?*

✓ describe rooms: *Chez moi, la cuisine est jolie et moderne.*

1 📼 Écoute et joue les rôles avec un(e) partenaire.

> Oncle Henri m'invite au château. Super!

1

> Bienvenue au château de Miromesnil, Jasmine. Ici, c'est mon bureau.

> Merci. Ton château est joli.

2

> Voici la salle à manger.

> Super!

3

> C'est le salon?

> C'est un salon. Il y a trois salons dans le château.

4

> Voici la cuisine.

> Elle n'est pas très moderne.

5

> C'est ta chambre?

> Ah non! Mais elle est confortable.

6

> Voici la salle de bains

> Mais où sont les toilettes?

7

> Et au sous-sol, il y a la cave.

> Tu aimes le vin?!

8

> Et voici le jardin.

> Il est grand. C'est formidable chez toi!

9

> Chez moi? Mais non! Je suis guide au château. J'habite dans un appartement en ville!

10

2 Voici un plan du château. Écris des phrases.
Exemple Au sous-sol, il y a une cave.

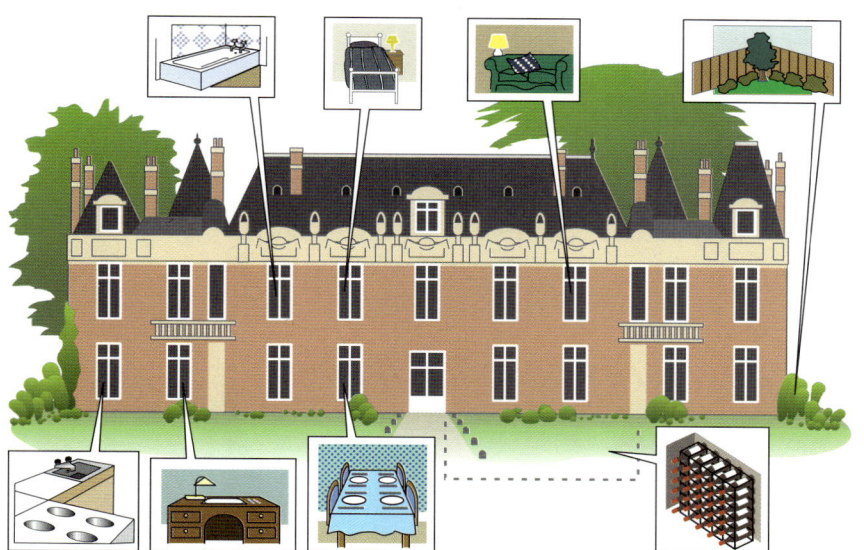

Mots-clés

une cave
un séjour
une salle de bains
une salle à manger
une chambre
un bureau
une cuisine
un jardin
un salon
des toilettes
Chez moi, il y a une cuisine
                    un bureau

3 B dessine un plan en secret.

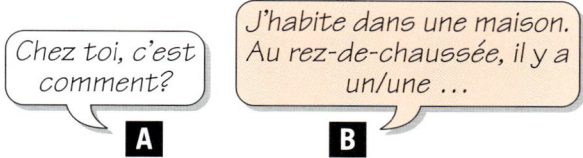

Chez toi, c'est comment? **A**

J'habite dans une maison. Au rez-de-chaussée, il y a un/une … **B**

A écoute la réponse et dessine un plan. Vérifie le plan avec ton/ta partenaire.

4a 📼 Nicolas, le frère de Jasmine, téléphone.
Fais la liste des pièces, puis note la description.
Exemple séjour – joli

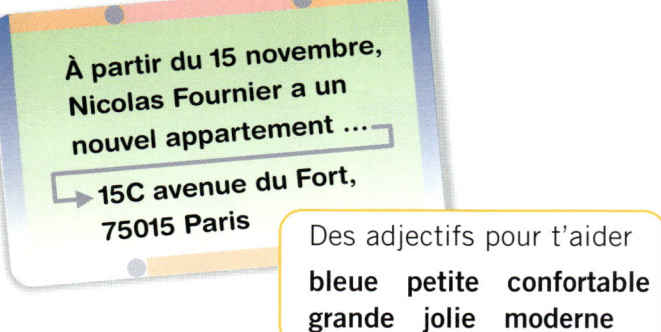

À partir du 15 novembre, Nicolas Fournier a un nouvel appartement …

→ 15C avenue du Fort, 75015 Paris

Des adjectifs pour t'aider

**bleue   petite   confortable
grande   jolie   moderne**

4b Regarde les adjectifs. Trouve le masculin.

masculin	féminin
bleu	bleue

5

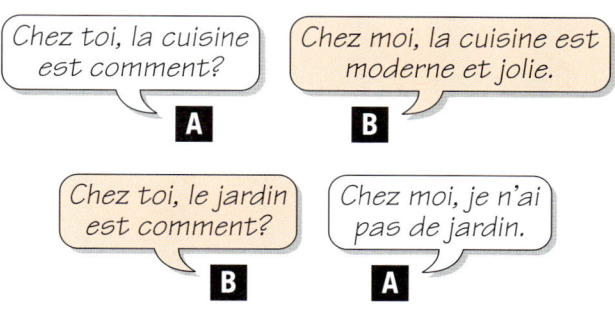

Chez toi, la cuisine est comment? **A**

Chez moi, la cuisine est moderne et jolie. **B**

Chez toi, le jardin est comment? **B**

Chez moi, je n'ai pas de jardin. **A**

Attention!
après **ne … pas**, un/une ➜ de
*Exemple J'ai **un** bureau.
              Je **n'ai pas** de bureau.*

En plus …

Écris des phrases.
Exemple Chez moi, la cuisine est ……. et …….

Attention!
Ça se dit comment "is" en français?
Ça se dit comment "and" en français?
Attention à la prononciation.

Ma chambre

You will learn how to …

✓ ask people what they have in their room: *Qu'est-ce que tu as dans ta chambre? Tu as un radiocassette dans ta chambre?*

✓ say what you have (not) got in your room: *Dans ma chambre, j'ai un bureau et une chaise. Je n'ai pas d'ordinateur.*

✓ ask where things are: *Où est la lampe? Où sont les tennis?*

✓ say where things are: *La lampe est sur le bureau. Les tennis sont sous le lit.*

✓ say what colour things are: *La chaise est bleue.*

1 Relie les mots-clés aux photos.

Mots-clés

un bureau	une étagère
un lit	une armoire
un tapis	une lampe
un coussin	une chaise
un ordinateur	une commode

2  Écoute Jasmine, Nathalie, Martin et Antoine. Note les lettres.
Exemple *Jasmine – g, e, h, b, c*

En plus …

Écris des phrases.
Exemple *Dans sa chambre, Jasmine a un lit …*

3 👥

> Tu as une chaise dans ta chambre?
> **A**

> Oui, j'ai une chaise.
> **B**

> Tu as un ordinateur dans ta chambre?
> **B**

> Non, je n'ai pas d'ordinateur.
> **A**

En plus …

A note les lettres.

> Qu'est-ce que tu as dans ta chambre?
> **A**

> J'ai un bureau …
> **B**

Chambres pour les jeunes

En promotion

4  C'est la chambre de Nathalie ou de Martin? Écoute pour vérifier.

5 Vrai ou faux?

a L'ordinateur est sur le bureau.
b L'étagère est entre le lit et le bureau.
c La guitare est dans le sac.
d Les vêtements de sport sont dans l'armoire.
e Les tennis sont sous le bureau.
f La lampe est sur l'armoire.
g Le tapis est devant l'étagère.
h Le coussin est sur le lit.

6

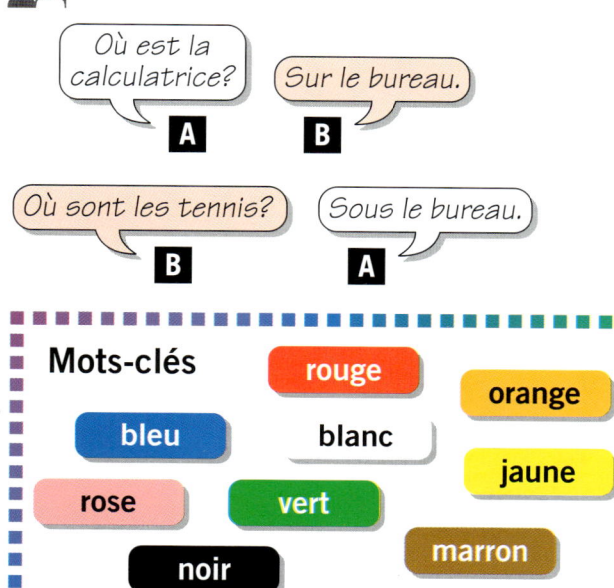

Où est la calculatrice? **A**
Sur le bureau. **B**

Où sont les tennis? **B**
Sous le bureau. **A**

Mots-clés

rouge
orange
bleu   blanc
jaune
rose   vert
noir   marron

Guide pratique

Identifie bien le mot-clé dans chaque phrase.
Exemple L'ordinateur est sur le bureau.

Mots-clés

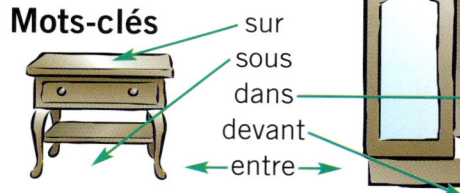

sur
sous
dans
devant
entre

7a Regarde l'illustration.

L'armoire est de quelle couleur? **A**
L'armoire est bleue. **B**

Le coussin est de quelle couleur? **B**
Le coussin est rouge. **A**

b Décris la chambre de Martin.
Exemple Le skate est dans le sac vert.
La lampe jaune est sur la commode.

Rappel

masculin	féminin
bleu	*bleue*

Attention!

blanc	*blanche*
marron	*marron*

Dans ma chambre

You will learn how to …

✓ ask people what they do in their bedroom: *Qu'est-ce que tu fais dans ta chambre?*
Tu fais tes devoirs dans ta chambre?

✓ say what you do in your room: *Je lis, je fais mes devoirs, je parle à mon chat.*

1a 🔊 Écoute Antoine.

b Relie les phrases aux images.
Exemple a – Je fais du basket.

Expressions-clés

J'écoute de la musique.
Je parle à mon chat.
Je regarde la télévision.
Je dessine.
Je mange des bonbons.
J'observe le ciel.
Je fais du basket.
Je joue de la guitare.
Je fais mes devoirs.
Je dors.
Je lis.
Je bois de l'Orangina.
Je fais du vélo.

2 🔊 Qu'est-ce que tu fais dans ta chambre?
Répète si c'est vrai.

3 👥

> Tu écoutes de la musique dans ta chambre?
A

> Oui, j'écoute de la musique.
B

> Tu fais du basket dans ta chambre?
B

> Non, je ne fais pas de basket.
A

En plus …

👥
> Qu'est-ce que tu fais dans ta chambre?
A

> Je dors, je …
B

a
b
c
d
e
f
g
h
i
j
k
l
m

4a 🔊 Écoute Anne, Rachid, Lucien et Sophie.
Note les lettres.
Exemple Anne – e, c …

b Qui fait des activités comme toi?

Zoom sur… … ton, ta, tes son, sa, ses

1 Recopie et complète avec *mon*, *ma*, ou *mes*.

a J'aime ...... lit. Il est confortable.
b ...... chambre est jolie.
c Dans ma chambre, je fais ...... devoirs.
d Je parle à ...... chien.
e La calculatrice est sur ...... chaise.

• •

Rappel

| masculin | féminin | pluriel |
| mon | ma | mes |

2 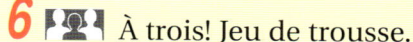 Écoute la conversation.

Jasmine: Où est ton sac, Martin?
Martin: Mon sac?
Jasmine: Oui, ton sac pour le collège! Et c'est lundi. Tu as tes tennis pour le sport?
Martin: Ah non! Mes tennis sont dans mon sac et mon sac est dans ma chambre!

Jasmine: Salut, Antoine!
Antoine: Bonjour, Jasmine. Où est Martin?
Jasmine: Il cherche son sac et ses tennis dans sa chambre. Antoine, tu as ta guitare pour le cours de musique?
Antoine: Ah non! Ma guitare est dans le séjour!
Jasmine: Oh là là!

142

3a Ça se dit comment "your" en français? Trouve trois mots dans la conversation.

b Ça se dit comment "his/her" en français? Trouve trois mots dans la conversation.

4 Organise les mots de l'activité 3 dans une grille.

	masculin	féminin	pluriel
je	mon	ma	mes
tu			
il/elle			

Guide pratique

5 Pour mémoriser les mots, invente un rap. Enregistre.

6 À trois! Jeu de trousse.

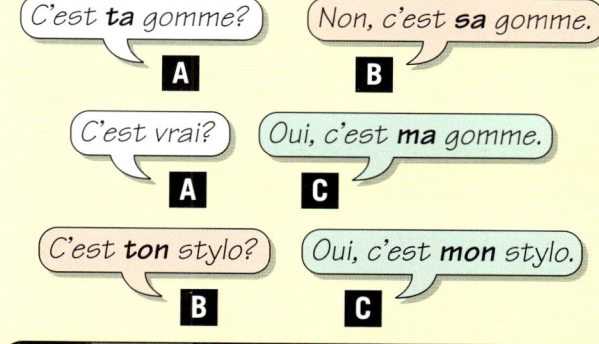

C'est **ta** gomme? **A**
Non, c'est **sa** gomme. **B**
C'est vrai? **A**
Oui, c'est **ma** gomme. **C**
C'est **ton** stylo? **B**
Oui, c'est **mon** stylo. **C**

On chante!

You will learn how to ...

✓ pronounce the French *r*

1 🔊 Écoute la chanson.
Trouve une image pour chaque couplet.

2 Trouve six adjectifs dans la chanson.
Écris une phrase avec chaque adjectif.

3 Invente un couplet pour la chanson.

Ça se dit comme ça!

Le r français

4 🔊 Écoute et répète les mots.
Fais attention au **r** français.

poster	Martin	grand	Fournier
Robert	Paris	super	radio

5 🔊 Ça sa dit comment? Écoute et répète.

*Dans ma chambre, j'ai une armoire, une étagère et
quatre posters super.
En français, j'apprends la grammaire et le vocabulaire.*

6 🔊 Fais une liste de mots avec **r** dans la chanson.
Écoute pour vérifier la prononciation. Et chante aussi!

---

1 En France, il y a une ville
Qui s'appelle Dieppe.
Et à Dieppe, il y a un immeuble
Dans le centre-ville.

Un grand immeuble
Un très bel immeuble
À Dieppe, il y a un immeuble
Dans le centre-ville.

2 À Dieppe, il y a un immeuble
Dans le centre-ville.
Dans l'immeuble à Dieppe,
Il y a quatre familles.

Des familles sympa
Des familles gentilles
Un grand immeuble
Un très bel immeuble
À Dieppe, il y a un immeuble
Dans le centre-ville.

3 À Dieppe, il y a un immeuble
Dans le centre-ville.
Dans l'immeuble à Dieppe
Il y a quatre amis.

Antoine, Martin
Nathalie, Jasmine
Des familles sympa
Des familles gentilles
Un grand immeuble
Un très bel immeuble
À Dieppe, il y a un immeuble
Dans le centre-ville.

4 Dans l'immeuble à Dieppe
Il y a quatre amis.
Jasmine habite un appartement
Très petit.

Un appartement petit
Un immeuble calme
Antoine, Martin
Nathalie, Jasmine
Des familles sympa
Des familles gentilles
Un grand immeuble
Un très bel immeuble
À Dieppe, il y a un immeuble
Dans le centre-ville.

Interlude
Charlie le chat

Tu sais … ?

✓ parler de chez toi   *J'habite dans une maison en ville. Il habite dans un immeuble au rez-de-chaussée.*
Au sous-sol, il y a une cave. Chez moi, il y a trois chambres.
Chez toi, la cuisine est comment? Chez moi, la cuisine est petite et confortable.

✓ parler de ta chambre   *Qu'est-ce que tu as dans ta chambre? Tu as un bureau? Dans ma chambre, j'ai un bureau, un lit et une armoire. Je n'ai pas de radiocassette.*
Le coussin est rouge. Le lit est bleu.

✓ parler de tes activités   *Qu'est-ce que tu fais dans ta chambre? Dans ma chambre, je dors, je lis et je fais mes devoirs.*

Et en grammaire … ?

✓ *sur, sous, devant, entre, dans*   *Mon sac est sur la chaise. L'armoire est entre la commode et le lit.*

✓ les adjectifs   *Ma chambre est grande. Mon appartement est moderne.*

✓ *ton/ta/tes son/sa/ses*   *Tu as tes tennis? Antoine cherche sa guitare.*

 En équipe

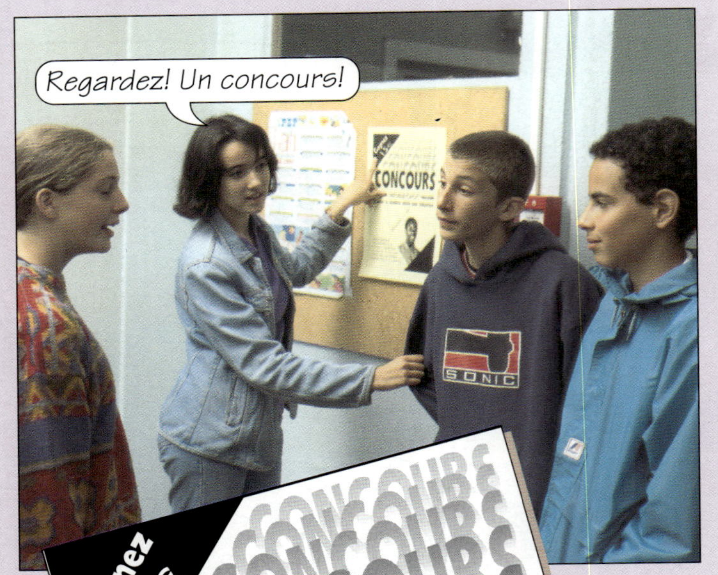

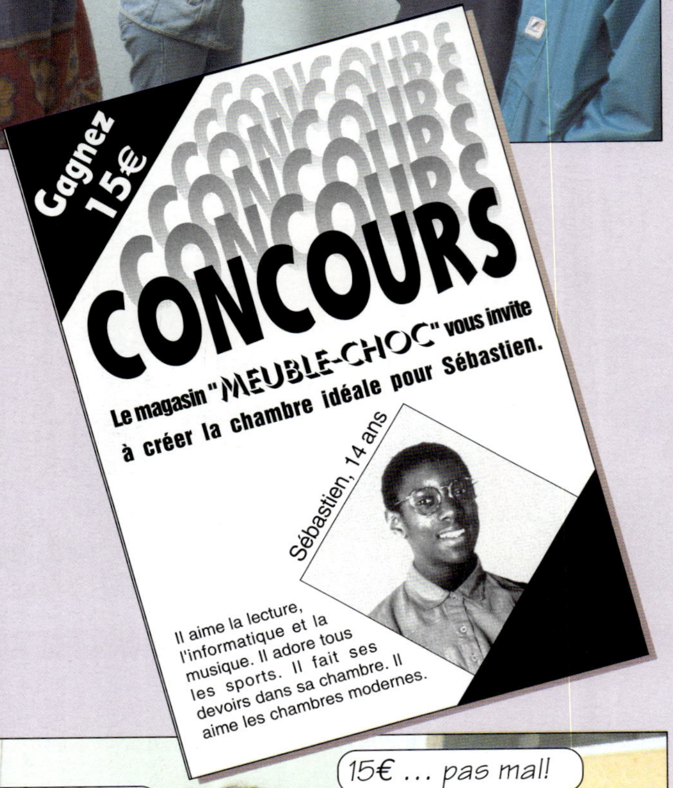

Regardez! Un concours!

Gagnez 15€

CONCOURS

Le magasin "MEUBLE-CHOC" vous invite à créer la chambre idéale pour Sébastien.

Sébastien, 14 ans

Il aime la lecture, l'informatique et la musique. Il adore tous les sports. Il fait ses devoirs dans sa chambre. Il aime les chambres modernes.

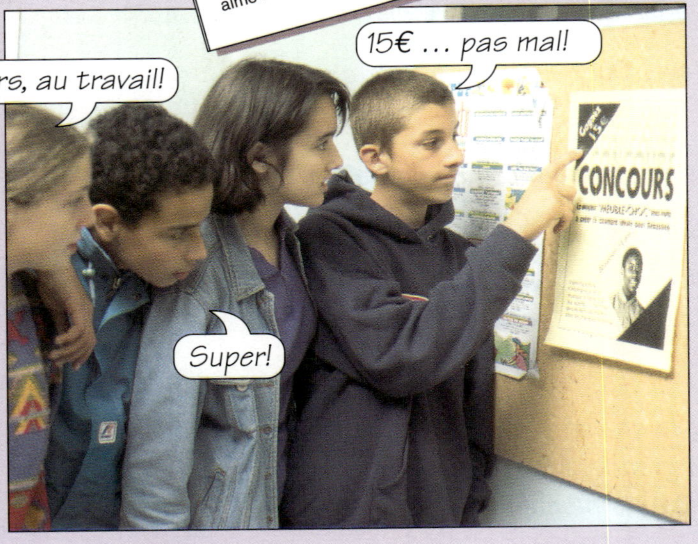

Alors, au travail!

15€ ... pas mal!

Super!

1 Fais une liste des meubles essentiels pour la chambre.
Exemple un lit, ...

2 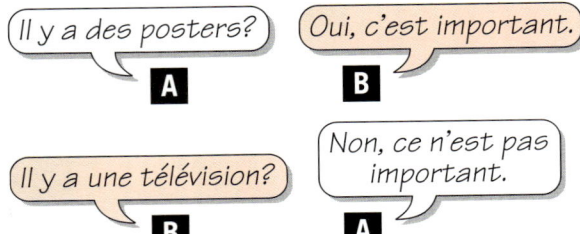 Discute. Note les choses importantes.

Il y a des posters? **A**

Oui, c'est important. **B**

Il y a une télévision? **B**

Non, ce n'est pas important. **A**

3 Prépare une illustration de la chambre et écris des phrases.
Exemple

Il écoute de la musique.

Il fait des jeux vidéo.

4 Écris une description de la chambre (sur ordinateur si possible).

Voilà la chambre idéale pour Sébastien. Dans sa chambre, il y a ... Il aime la lecture et il y a une étagère et un coussin confortable. ...

Ton/Ta partenaire a des idées ou des corrections pour ta description?

En plus ...

Et toi? Comment est ta chambre idéale?

Équipe-Magazine

Jeu-Test — Comment est ta chambre idéale?
Réponds aux questions et regarde le résultat!

1 Tu préfères ... ?
- ◆ le rouge
- ♥ le bleu
- ★ le jaune

2 Tu préfères ... ?
- ♥ la lecture
- ★ l'informatique
- ◆ la musique

3 Tu préfères ... ?
- ◆ une lampe moderne
- ★ une lampe fonctionnelle
- ♥ une lampe ancienne

4 Tu préfères ... ?
- ♥ les posters d'animaux
- ◆ les posters de vedettes de musique
- ★ les posters de sport

5 Tu préfères ... ?
- ◆ un coussin
- ★ une chaise moderne
- ♥ un sofa confortable

6 Tu préfères ... ?
- ♥ le français
- ★ la technologie
- ◆ l'anglais

7 Tu préfères ... ?
- ★ faire des jeux vidéo
- ◆ écouter des cassettes
- ♥ lire des magazines

8 Tu préfères une chambre ... ?
- ◆ pas rangée
- ♥ bien rangée
- ★ assez bien rangée

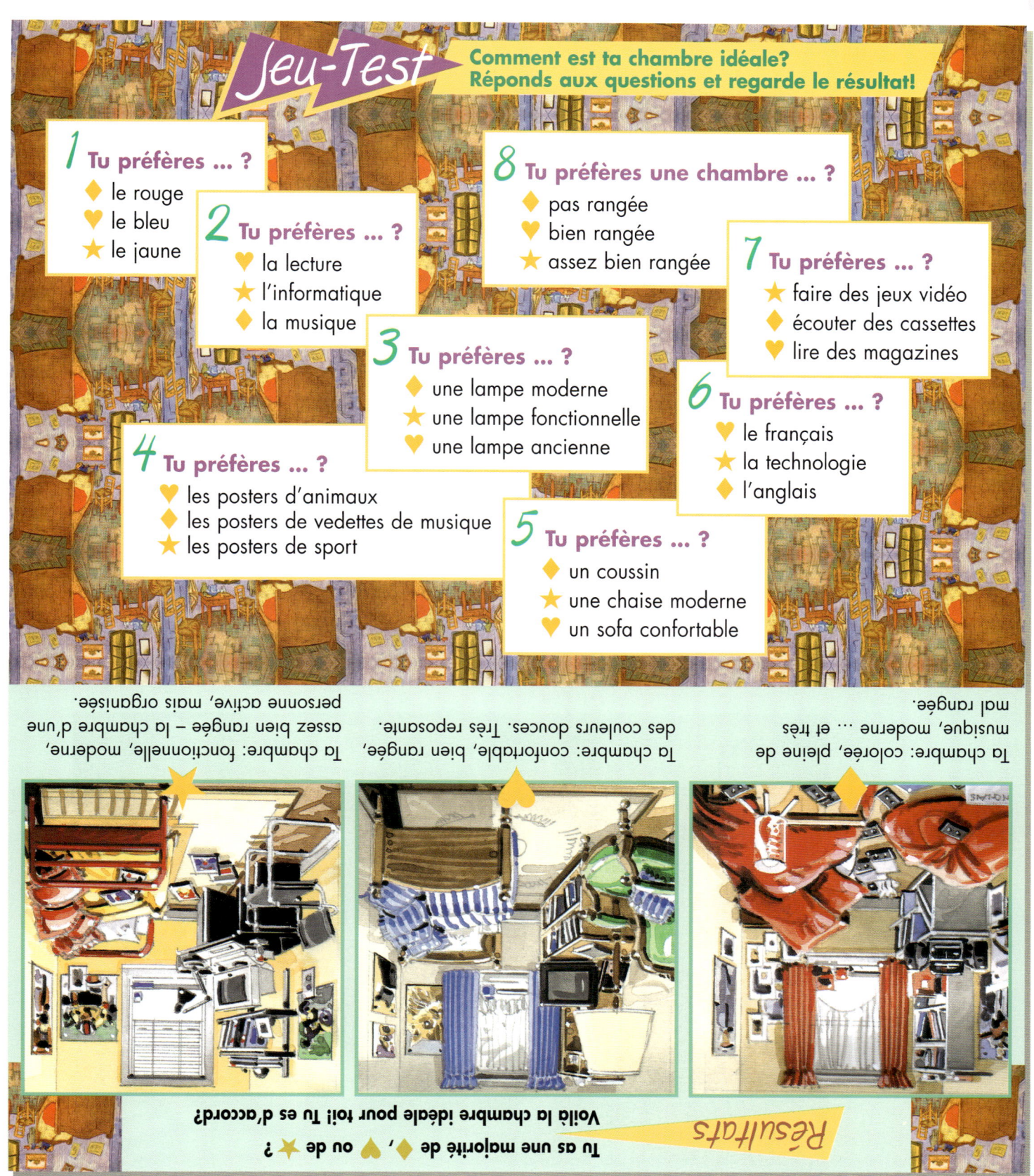

Résultats — Tu as une majorité de ◆ , ♥ ou de ★ ?
Voilà la chambre idéale pour toi! Tu es d'accord?

★ Ta chambre: fonctionnelle, moderne, assez bien rangée – la chambre d'une personne active, mais organisée.

♥ Ta chambre: confortable, bien rangée, des couleurs douces. Très reposante.

◆ Ta chambre: colorée, pleine de musique, moderne ... et très mal rangée.

J'ai soif!

Samedi après-midi: Jasmine et Antoine sont au Quick.

1 🔊 Écoute et lis.

Quelque chose à boire …

un jus d'orange
une limonade
un verre d'eau
un diabolo-menthe
un chocolat chaud
un coca
un café
un milk-shake
un thé au lait

2a Regarde les images. Qu'est-ce que c'est? Devine.

b Écoute pour vérifier.
Exemple *L'image numéro un, c'est un coca.*

3 Test de mémoire.
A regarde les images et pose des questions.
B ferme le livre et répond.

L'image numéro trois, qu'est-ce que c'est? **A**

C'est un diabolo-menthe. **B**

Oui! **A**

En plus …

Ferme le livre et écris le nom des neuf boissons. (Tu as fini? Ouvre le livre et vérifie l'orthographe.)

4 Pose neuf questions à ton/ta partenaire.

Tu voudrais un coca? **A**

ou **B**

Oui, je veux bien.

Non, merci. Je préfère une limonade.

5 Jeu de rôle. Vous êtes au café. Changez la conversation, page 74.
Exemple a

A: J'ai soif! Je voudrais <u>une limonade</u>. Qu'est-ce que tu veux?
B: Je voudrais <u>un coca</u>.
A: <u>Une limonade</u> et <u>un coca</u>, s'il vous plaît.
C: Voilà. <u>Une limonade</u> et <u>un coca</u>.
A/B: Merci.

Quelque chose à manger …

You will learn how to …

✓ ask for food: *Je voudrais du beurre, de la confiture, des œufs*

✓ explain what people eat/drink: *on mange des spaghetti, on boit de l'eau*

1a Écoute et trouve les aliments.

b Réécoute. Note les aliments.
Exemple du beurre, du lait, …

- de l'eau minérale
- du lait
- un concombre
- du fromage
- des yaourts
- des tomates
- des carottes
- du jambon
- des œufs
- de la confiture
- du beurre
- du poulet

2 Trouve les paires.

du lait
du beurre
des œufs **a**

du fromage **b**
des tomates
de la confiture

du poulet **c**
de l'eau minérale
des œufs

du lait **d**
du jambon
des yaourts

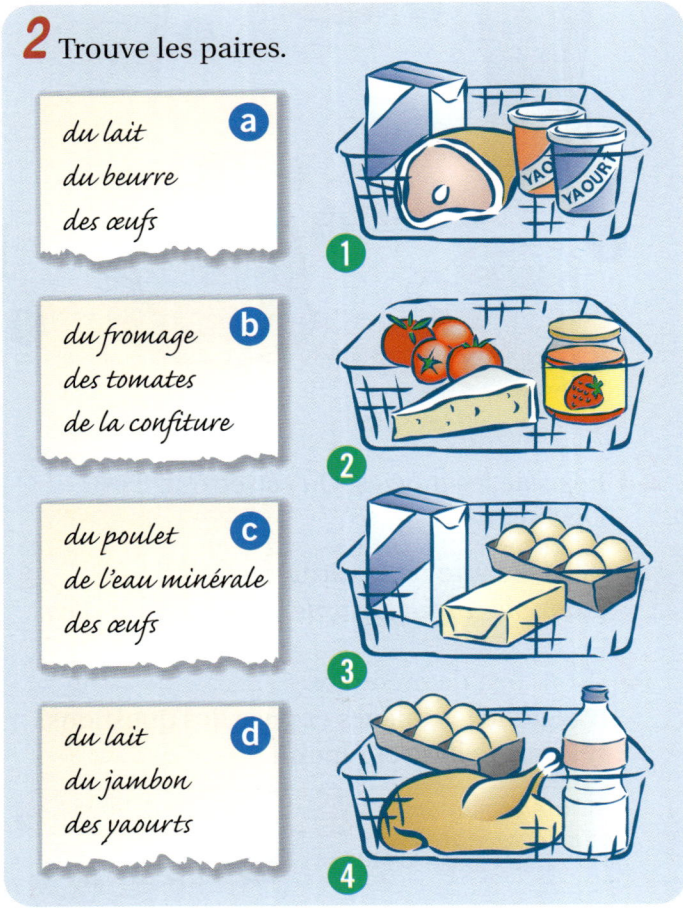

① ② ③ ④

3 Regarde les paniers. Écris les listes.
Exemple a – du lait, du fromage, des œufs

a **b**

c **d**

4a 🔊 Écoute la chanson. Chante!

b Trouve les choses à boire/les choses à manger.
Fais deux listes.

Exemple

On boit	On mange
de l'eau	des tartines

Bon appétit, tout le monde!

1
*Le matin, dans la cuisine,
Nous, on mange des tartines,
On boit du lait
Ou du chocolat chaud.* } bis

Refrain
*On mange des spaghetti en Italie,
En Chine, on mange du riz,
On boit du coca aux USA,
Mais nous, on préfère le chocolat.*

2
*À midi, à la cantine,
Nous, on mange des sardines,
De la purée,
Des œufs ou du poulet.* } bis
Refrain

3
*À quatre heures, pour le goûter,
Nous, on aime prendre du thé,
Un verre de lait
Ou de l'eau, s'il vous plaît.* } bis
Refrain

4
*Le soir, quand je suis chez moi,
On mange de la pizza,
Et du jambon
Et une tarte au citron.* } bis
Refrain

ZOOM sur... **du, de la, des**

*J'ai **du** chocolat.*

*J'ai **de la** confiture.*

*J'ai **des** carottes.*

5 Lis les phrases.

du/de la/des = ? en anglais
du/de la/des: pourquoi la différence?
de + le = ? (Vérifie page 140.)

6 Recopie et complète.

Au supermarché,
je voudrais ...... lait,
...... fromage, ... confiture,
...... tomates, ... jambon
et ...... œufs.

140

Ça se dit comme ça!

u et *ou*

7a 🔊 Écoute le son **u**:
***du** pain   **du** fromage   un **jus** d'orange
qu'est-ce que **tu** veux?   j'ai **bu** un verre d'eau
le restaurant est dans cette **rue***

b 🔊 Écoute et répète.

8a 🔊 Écoute le son **ou**:
*le **pou**let   s'il **vous** plaît   un vin **rou**ge
j'aime le **chou**   je **vou**drais un coca
au café, on **jou**e au baby-f**oo**t*

b 🔊 Écoute et répète.

Les repas

Jasmine décrit ce qu'elle mange dans la journée.

Je prends mon petit déjeuner à sept heures. Je mange des tartines de confiture. J'aime la confiture de fraises. Le week-end, je prends aussi des céréales ou des croissants, ça dépend. Le matin, je bois un jus d'orange ou du lait.

À midi, je mange à la cantine du collège. Je mange, par exemple, des carottes râpées et du poulet avec du riz. Comme dessert, je mange un fruit. Normalement je bois de l'eau.

À cinq heures, je prends un goûter. Je mange du pain et si j'ai faim des chocos et je bois du coca ou de l'eau minérale.

Le dîner est à huit heures. Je mange de la soupe, du poisson ou de la viande et des légumes. Je bois de l'eau.

1 Lis la lettre, puis écoute la cassette. Regarde les photos. C'est quel repas? Le déjeuner? Le goûter? Le petit déjeuner? Le dîner?

2 Vrai ou faux?

a Jasmine mange des tartines au petit déjeuner.
b Elle boit du café au petit déjeuner.
c Jasmine mange à la maison à midi.
d Elle prend un goûter à cinq heures.
e Le soir, elle mange de la soupe.
f Jasmine ne mange pas de poisson.
g Le soir, au dîner, elle boit du coca.

En plus ...

Corrige les phrases qui sont fausses.

3 Sondage: Qu'est-ce que ta classe mange au petit déjeuner/à midi/le soir/à quatre heures? Pose des questions et note les réponses.

Qu'est-ce que tu manges au petit déjeuner? **A**

Je mange des céréales et du pain grillé. **B**

Qu'est-ce que tu bois? **A**

Je bois du thé au lait. **B**

Expressions-clés

Le matin	au petit déjeuner	je mange	des tartines
À midi	au déjeuner	je prends	du poulet
L'après-midi	au goûter	je bois	de l'eau minérale
À quatre heures	au dîner		du pain
Le soir			de la soupe

Zoom sur... *du, de la, des après ne ... pas*

Il n'y a pas de pommes.

Il n'y a pas de chou.

Il n'y a pas de fraises.

Il n'y a pas de confiture.

Il n'y a pas de chocolat.

Il n'y a pas d'œufs.

• Après **ne ... pas**, c'est facile!

| un | une | des |
| du | de la | des | → ?

Attention! Avant *a, e, i, o, u, y* ou un *h*, **de = d'**
Exemple Il n' y a **pas d'**œufs.

4 Recopie et complète.

> Zut! Il n'y a pas ...... chips, il n'y a pas ...... pain et il n'y a pas ...... fromage. Il y a ...... beurre mais il n'y a pas ...... yaourts. Ah! Il y a ...... pommes!

Guide pratique

Tu as une liste de mots à apprendre?

• Recopie la liste sur un bout de papier.
• Écris une deuxième liste – de mémoire.
• Vérifie avec la première liste.
• Enregistre la liste sur cassette. Écoute la cassette plusieurs fois.
• Pose des questions à ton/ta partenaire. Réponds à ses questions.

Il n'y a pas de chips!

5 Trouve les différences.
Exemple
Sur le dessin numéro un, il y a **du** pain.
Sur le dessin numéro deux, il n'y a **pas de** pain.

1

2

148

Des préparatifs

You will learn how to …

✓ say what you plan to buy: *Je vais acheter un paquet de chips.*

✓ describe quantities and packaging: *un paquet de (sucre),*
    une bouteille de (limonade), un kilo de (pommes)

1  Écoute et complète la conversation.
Exemple 1 – un paquet de chips

des parts de pizza	100 grammes de fromage
un kilo de pommes	un paquet de chips
une bouteille de coca	un paquet de biscuits

En plus …

Ferme le livre et écris la liste de courses
pour Jasmine et ses amis.

2 Qu'est-ce que c'est? Regarde les
expressions-clés.

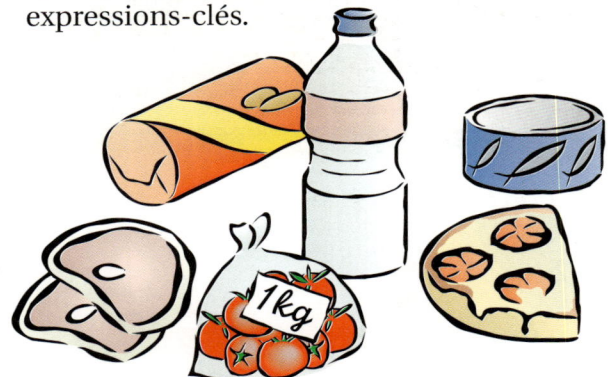

3 👥 Prépare un pique-nique. Explique à
ton/ta partenaire ce que tu vas acheter. Il/Elle
écrit une liste pour toi.
*Exemple Je vais acheter une grande bouteille
de limonade, trois paquets de biscuits …*

■■■■■■■■■■■■■■■■■■■■■■■■■■■

Expressions-clés

un paquet	de biscuits/de sucre/de chips
une bouteille	d'eau minérale/de limonade/de coca
deux tranches	de jambon
une boîte	de thon/de petits pois/de sardines
100 grammes	de fromage/de pâté
un kilo	de tomates/de pommes/de carottes
une part	de pizza/de tarte au citron

On fait un pique-nique?

Oui, bonne idée! Je vais acheter 1 et 2.

Je vais acheter 3 et 4.

Et moi, je vais acheter 5 et 6.

ZOOm sur … on

4 Relis la chanson *Bon appétit, tout le monde,*
page 77. Tu trouves combien d'exemples de
on + *verbe*? Fais une liste.
Exemple on mange, on boit, …

on = ? en anglais. (Vérifie page 144.)

5 Ça se dit comment en anglais?
  a En France, on mange des croissants.
  b Mes amis et moi, on prépare un
     pique-nique.
  c On fait une quiche avec des œufs.
  d Ce soir, on mange une tarte aux fraises.
  e À la cantine, on boit de l'eau.

144

Attention! **on** + <u>verbe au singulier</u>

Au supermarché

Jasmine: Tu as des pommes?
Martin: Non. On prend un kilo de pommes?
Jasmine: Oui.
Martin: Ça coûte combien?
Jasmine: Les golden sont à 1,50€ le kilo. Ça va?
Martin: Oui … Et la pizza? Tu as la pizza?
Jasmine: Euh … non! C'est là-bas … Ça coûte combien, la pizza?
Martin: Ça coûte 1,30€ la part.
Jasmine: Alors quatre parts … ça fait 5,20€, non?

Ça fait 19,30€ s'il vous plaît.

Oh non!

Il y a un problème?

6a  Écoute et lis les conversations.

b 👥 Joue les rôles de Jasmine, de Martin et de la caissière.

c Il y a un problème. Qu'est-ce que c'est? Imagine! Invente la fin de la conversation à la caisse.

Guide pratique

Pour une question:

- change l'intonation:

  Tu aimes la viande.   Tu aimes la viande?

7 📼 C'est une question? Écoute bien l'intonation et décide.

- utilise un mot interrogatif: *combien, comment, qu'est-ce que*, etc.
  Il y a **combien** de biscuits?
  Il est **comment,** ce restaurant?
  Qu'est-ce qu'on mange?

8 Recopie et complète les phrases avec un mot interrogatif.

a …… tu veux boire?
b Tu as …… d'argent?
c …… on fait une omelette?
d Il y a …… de yaourts dans le frigo?
e …… tu préfères: la glace ou la tarte?

Ça coûte combien?

You will learn how to …

✓ count up to 100
✓ ask how much something costs: *Ça coûte combien, (la pizza)? Ça fait combien?*
✓ say how much something costs: *Ça coûte 1,20€.*

Compte toujours!

40 quarante
(**41** quarante et un, **42** quarante-deux, …)
50 cinquante
(**51** cinquante et un, **52** cinquante-deux, …)
60 soixante
(**61** soixante et un, **62** soixante-deux, …)

1 À haute voix: compte les moutons!

70 soixante-dix
(**71** soixante et onze, **72** soixante-douze, …)
80 quatre-vingts
(**81** quatre-vingt-un, **82** quatre-vingt-deux, …)
90 quatre-vingt-dix
(**91** quatre-vingt-onze, **92** quatre-vingt-douze, …)
100 cent

2 À haute voix: dis les nombres.

a **100** b **70** c **80** d **90** e **71** f **78** g **83** h **95** i **87** j **99**

Offres spéciales!

Thon au naturel Cap Mer sélectionné Mammouth
Le lot de 3 boîtes 1/4, (600 g), soit le kilo : 4,50€
2,70€

Pain de campagne
La pièce de 350 g, soit le kilo : 2,15€
0,75€

Jambon Aoste
Sachet de 8 tranches + 2 tranches gratuites (300 g), soit le kilo : 20,60€
6,20€

Limonade sélectionnée Mammouth
Le lot de 4 x 1,5 litre dont 1 litre gratuit, soit le litre : 0,30€
1,90€

Œufs extra-frais "Matines"
Calibre moyen, boîte de 20 dont 3 gratuits
2,45€

mammouth

3  Lis la brochure. Écoute.
C'est le bon prix, oui ou non?

limonade   thon   jambon   pain   œufs

4  A demande les prix. B donne les prix.

Ça coûte combien, le jambon? **A**

Ça coûte 6,20€. **B**

Interlude
Charlie le chat

Tu sais … ?

✓ demander et offrir/accepter ou refuser quelque chose à boire/à manger	*J'ai soif. Je voudrais un coca, une limonade, du fromage, des œufs, des yaourts, de la confiture, du jambon …* *Qu'est-ce que tu veux? Un jus d'orange, s'il te plaît. Merci. Non merci, je préfère …*
✓ dire ce qu'il y a/ce qu'il n'y a pas/ce que tu vas acheter	*Il y a du pain, de la confiture, des pommes. Il n'y a pas de beurre, de limonade, de yaourts. Je vais acheter des fraises.*
✓ parler des repas	*À midi, je mange des carottes râpées. À quatre heures, je mange des biscuits. Le soir, je mange de la viande avec des légumes et je bois de l'eau.*
✓ les quantités	*un kilo de pommes, 100 grammes de fromage, quatre parts de pizza, trois tranches de jambon, un paquet de biscuits, une bouteille de coca*
✓ demander/donner un prix	*Ça coûte combien (la pizza)? Ça coûte 1,60€.*
✓ compter jusqu'à 100	*soixante, soixante-dix, quatre-vingts, quatre-vingt-dix …*

Et en grammaire … ?

✓ *du, de la, des*	*du chocolat, de la confiture, des tomates*
✓ *pas de, pas d'*	*Il n'y a pas de beurre/de fraises/d'œufs*
✓ *on + verbe*	*À midi, on mange du poisson.*

👥 *En équipe*

Organise un déjeuner français au collège.

1 Écris le menu.

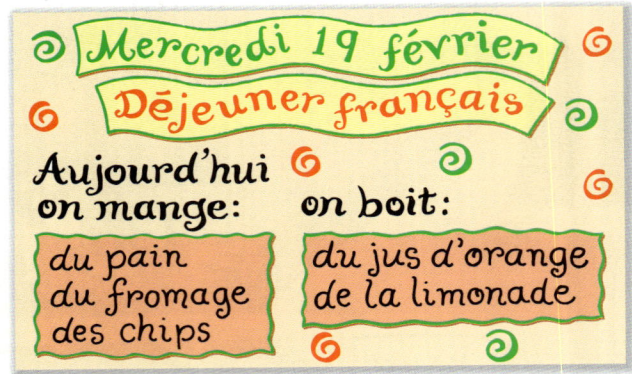

Mercredi 19 février
Déjeuner français
Aujourd'hui
on mange: on boit:
du pain   du jus d'orange
du fromage   de la limonade
des chips

4 Achète les aliments et les boissons. Prépare d'avance une liste de courses.

2 bouteilles de limonade

4 baguettes

du fromage

2 Dessine un poster. N'oublie pas:

– la date
– l'heure
– la salle
– ce qu'il y a à manger et à boire
– autres attractions
  (musique, sketchs, vidéos, jeux, etc.)

DÉJEUNER FRANÇAIS
Quand?   Mercredi 19 février à 12h45
Où?   Salle ML8
Qu'est ce qu'on mange?

5 Décore la salle.
Par exemple,

• trouve ou dessine un poster sur la France
• fais des petits drapeaux bleu, blanc, rouge.

6 Prépare une ou deux attractions. Par exemple,

• une cassette avec de la musique
• une cassette-vidéo française
• un sketch amusant
• un jeu.

3 Écris une invitation.

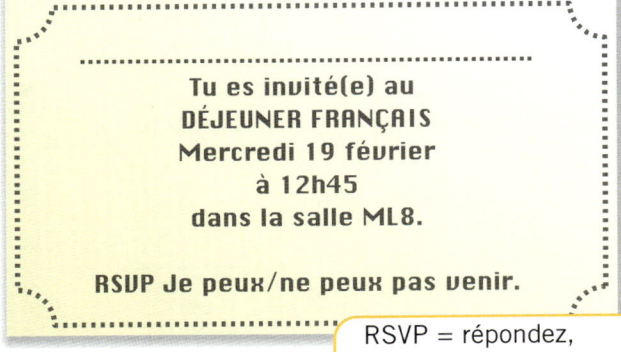

Tu es invité(e) au
DÉJEUNER FRANÇAIS
Mercredi 19 février
à 12h45
dans la salle ML8.

RSVP Je peux/ne peux pas venir.

RSVP = répondez, s'il vous plaît

Et finalement … Mange! Bois! Et … parle français!

Équipe-Magazine

Source : Uppia.

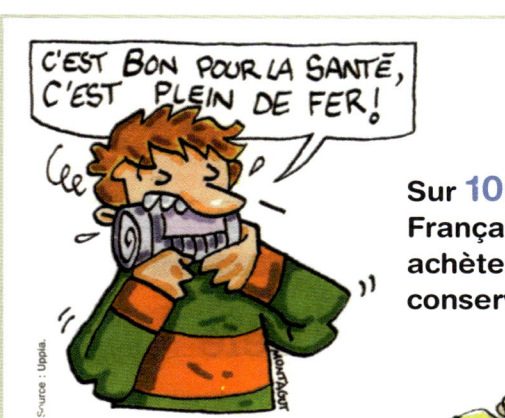

Sur **100** Français, **98** achètent des conserves.

Source : Livre des records 1996

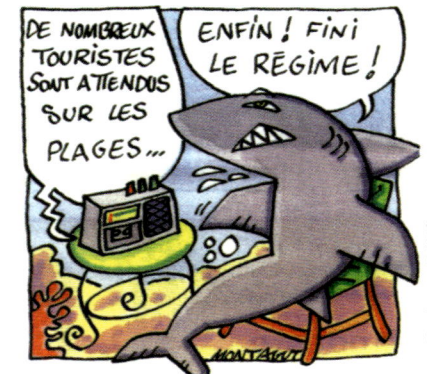

Les requins peuvent rester **6** semaines sans manger.

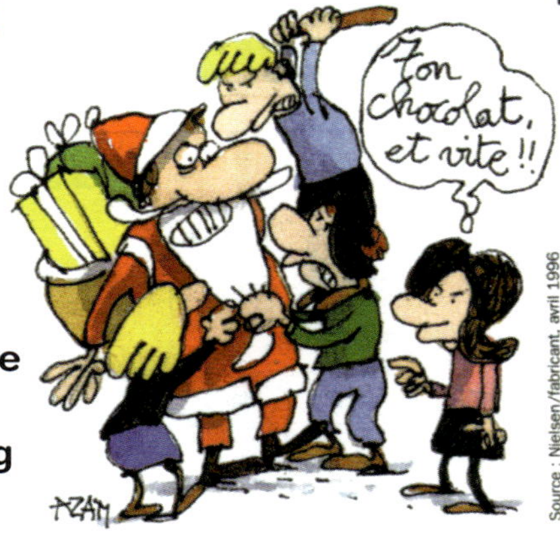

Source : Nielsen/fabricant, avril 1996

À Noël, une famille française consomme en moyenne **1,3** kg de chocolat.

Chaque Français mange en moyenne **10** kilos de carottes par an.

Source : APRIFEL

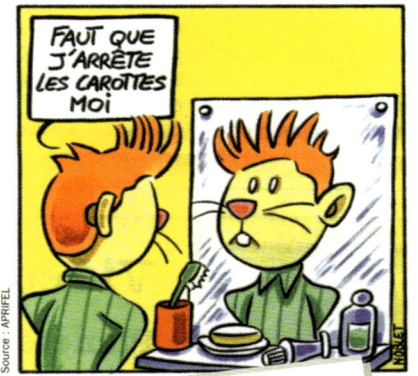

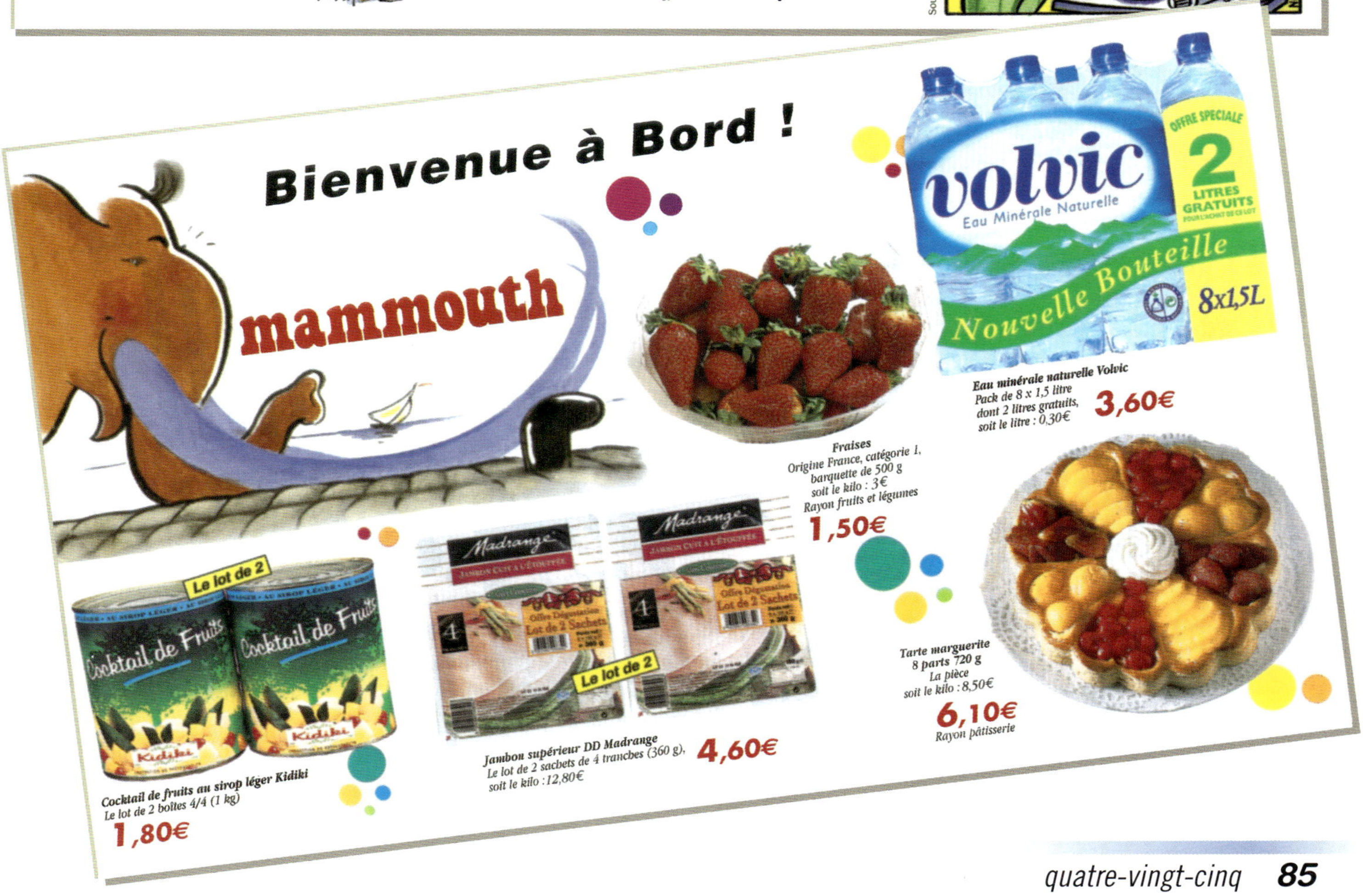

Regarde les sections "Tu sais …?"
pages 59, 71 et 83.

On fait les courses!

1 Écris la liste de courses.
Exemple un paquet de chips …

un paquet de	jambon
une tranche de	chips
une boîte de	pizza
un kilo de	fromage
une bouteille de	thon
une part de	pommes
100 grammes de	limonade

0,55 €
la tranche

2,55 €
le kg

0,76€

1,40 €
les 100g

2a Remets la conversation entre Luc et l'épicier
dans le bon ordre.
Exemple a, i …

l'épicier	Luc
a Bonjour, Luc! Qu'est-ce que tu veux?	**f** Au revoir, monsieur!
b Merci. Au revoir!	**g** Voilà, 0,76€.
c Ça fait 0,76€.	**h** Merci. Et je voudrais du beurre.
d Je n'ai pas de beurre.	**i** Bonjour, monsieur! Je voudrais du pain.
e Oui, voilà une baguette.	**j** Alors, ça fait combien?

2b 📼 Écoute la conversation pour vérifier.

3 👥 À vous! Adaptez la conversation de
l'activité 2.

Galerie de portraits

Voici mes sœurs, ma mère, ma grand-mère,
ma tante et mes cousines! Patiente,
Sérieuse, Violente, Courageuse, Travailleuse,
Timide et Marrante.

4a 📼 Écoute Sympa. Mets dans l'ordre.
Exemple 1 – c

b 📼 Réécoute. C'est qui?
Exemple 1 – C'est sa sœur, Courageuse.

c 📼 Écoute encore. Prends des notes et écris
la description.
Exemple Une sœur de Sympa s'appelle
Courageuse. Elle a 14 ans. Elle est petite et grosse.
Elle est brune et elle a les cheveux longs et frisés.

La maison de Monsieur Bizarre

5 Quel désordre! Où est …
le radiocassette? *Il est dans les toilettes.*

le lit? la télé? le filet de basket? l'ordinateur?
le coussin? la lampe? la guitare? le télescope?
le chat?

6 Bizarre, ce Monsieur Bizarre! Trouve dix
anomalies.
Exemple *Il dort dans sa cave. Dans sa cuisine,*
il observe le ciel, …

Karima sur Internet

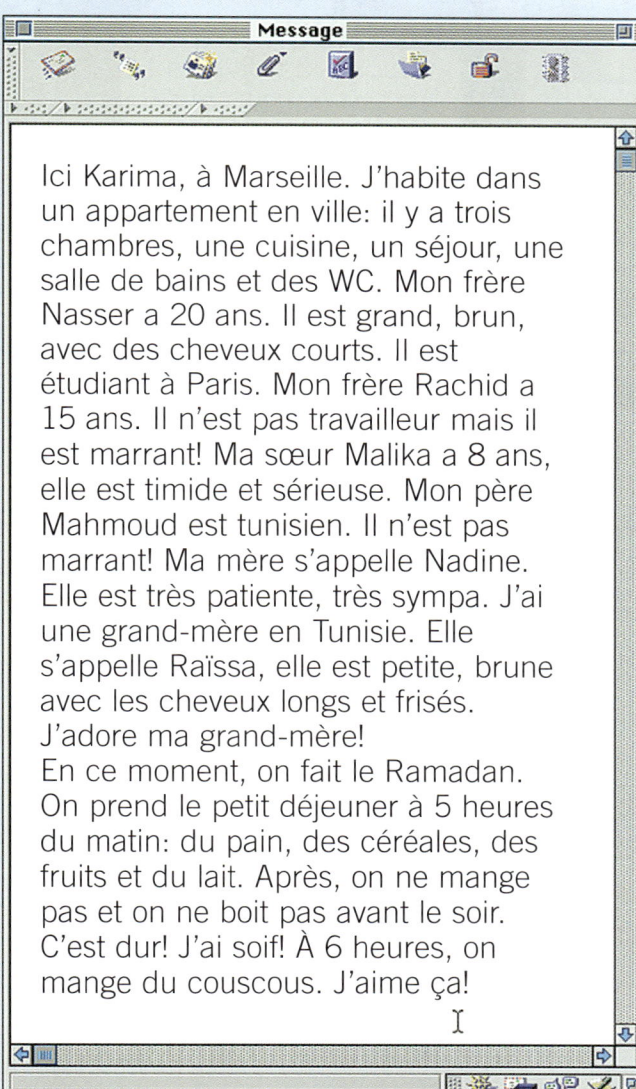

Ici Karima, à Marseille. J'habite dans
un appartement en ville: il y a trois
chambres, une cuisine, un séjour, une
salle de bains et des WC. Mon frère
Nasser a 20 ans. Il est grand, brun,
avec des cheveux courts. Il est
étudiant à Paris. Mon frère Rachid a
15 ans. Il n'est pas travailleur mais il
est marrant! Ma sœur Malika a 8 ans,
elle est timide et sérieuse. Mon père
Mahmoud est tunisien. Il n'est pas
marrant! Ma mère s'appelle Nadine.
Elle est très patiente, très sympa. J'ai
une grand-mère en Tunisie. Elle
s'appelle Raïssa, elle est petite, brune
avec les cheveux longs et frisés.
J'adore ma grand-mère!
En ce moment, on fait le Ramadan.
On prend le petit déjeuner à 5 heures
du matin: du pain, des céréales, des
fruits et du lait. Après, on ne mange
pas et on ne boit pas avant le soir.
C'est dur! J'ai soif! À 6 heures, on
mange du couscous. J'aime ça!

7a Lis le message de Karima. Lis les questions.
Elle répond à quelles questions? Écris ses
réponses.

  a Tu habites où?
  b Il y a combien de pièces chez toi?
  c Qu'est-ce qu'il y a dans ta chambre?
  d Qu'est-ce que tu fais dans ta chambre?
  e Il y a combien de personnes dans ta famille?
  f Ton père s'appelle comment? Et ta mère?
  g Ta mère est comment? Et ton père?
  h Ton frère s'appelle comment? Et ta sœur?
  i Ta sœur a quel âge? Et ton frère?
  j Ton frère est comment? Et ta sœur?
  k Qu'est-ce que tu manges le matin?
    Et à midi? Et le soir?

7b Imagine ses réponses aux autres questions.

8 À toi de répondre aux questions.

Ça va?

> **You will learn how to ...**
> ✓ name parts of the body: *la tête, le bras, les pieds ...*
> ✓ say how you feel: *Ça va? Oui, ça va bien. Non, ça ne va pas.*
> ✓ understand some French body language

Le monstre de Frankenstein

1 Écoute, lis et répète.

Oh, ma tête!

Aïe, mon cou!

Ouille, mon bras!

Oh là là, mon ventre!

Ça va, Martin?

Oui, ça va très bien! Je suis le monstre de Frankenstein, dans la pièce de théâtre à l'école!

2a Écoute et regarde les images. Répète!

b Recopie et complète les bulles avec les mots-clés, page 89.

3 Réponds à ton voisin/ta voisine.

1 Ça ne va pas ... ma jambe!

2 Oh, mon ......

Ça va?

A B

Oui, ça va bien merci. Et toi?

Non, ça ne va pas ... ma tête! Et toi, ça va?

C D

Oui ...

3 Aïe aïe aïe, mon ......

4 Ouille, mes ...... !

5 Oh là là, mes ......

6 Oh, ça ne va pas ... mes ......

La langue des gestes

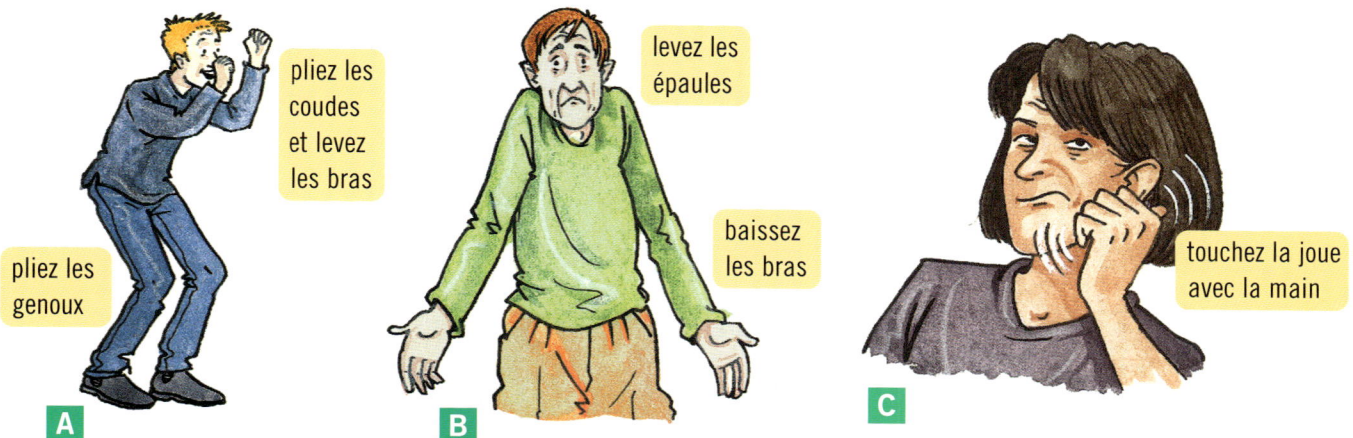

pliez les coudes et levez les bras

pliez les genoux

A

levez les épaules

baissez les bras

B

touchez la joue avec la main

C

D

secouez la main près de la gorge

E

mettez un doigt sous un œil

Mots-clés

la (ma)	le (mon)	les (mes)
tête	cou	yeux
main	bras	dents
jambe	ventre	épaules
	pied	oreilles
	dos	
	doigt	

4 Regarde les images et devine les expressions.
Exemple A – Youpi!

Ce n'est pas marrant! **Oh là là!**

Mon œil! **Youpi!** **Je ne sais pas!**

5 Lis les instructions. Trouve le nom de neuf parties du corps.
Exemple les genoux, …

6 Relis les instructions et trouve les mots français:
bend raise lower touch shake put
Exemple bend – pliez

En plus …

Écris des instructions pour le jeu de "Jacques a dit".
*Exemple Jacques a dit: "Baissez la tête".
Levez les bras.*

Guide pratique

On parle en français; tu ne comprends pas bien?
Regarde les gestes (mains, bras, etc.) et les expressions (yeux, bouche). Ça aide!

ZOOM sur… le pluriel

la main → les mains	le doigt → les doigts
le pied → les pieds	la jambe → les jambes

- Comment faire un pluriel régulier? (Vérifie page 139.)

  Attention! le bras → les bras
  le nez → les nez

- Les exceptions: apprends par cœur!
  le genou → les genoux
  l'œil → les **yeux**

139

J'ai mal!

You will learn how to ...

✓ ask what's wrong: *Qu'est-ce qui ne va pas?*
✓ say where it hurts: *J'ai mal à la tête, à l'épaule, au ventre, aux dents*
✓ say what is wrong with you: *Je n'ai pas faim. J'ai envie de vomir.*

A **À la pharmacie**

B **À l'école**

C **À la maison**

D **Chez le docteur**

1
– J'ai mal aux dents!
– Vous avez très mal, monsieur?
– Oui, oui, très très mal!

2
– Tu ne manges pas, mon chéri?
– Je n'ai pas faim.
J'ai mal au ventre.

3
– Aïe, ma tête! J'ai mal à la tête!
– Attention, imbécile!
Tu ne regardes pas!

4
– Qu'est-ce qui ne va pas?
– J'ai mal à l'épaule.
– Vous faites du sport?
– Oui, beaucoup.
– Pas de sport, cette semaine!

1a 📼 Écoute. Relie les dialogues aux images.

b 📼 Réécoute. Répète bien l'intonation.

2 👥 Jeu de mémoire. Qu'est-ce qui ne va pas?

J'ai mal à la tête.
A

J'ai mal à la tête et au ventre.
B

J'ai mal à la tête, au ventre et aux yeux. Etc.
C

3 👥 Le monstre de Frankenstein va chez le docteur. Imagine la conversation.
Exemple

Le docteur: Bonjour. Vous vous appelez comment?
Le monstre: Je suis le monstre de Frankenstein.
Le docteur: Qu'est-ce qui ne va pas?
Le monstre: Aïe, ouille, j'ai mal à …

ZOOM sur... à + le/la/l'/les

la tête	j'ai mal **à la** tête
le ventre	j'ai mal **au** ventre
l'épaule	j'ai mal **à l'**épaule
les dents	j'ai mal **aux** dents

143

4a 📼 Écoute. Recopie et complète les bulles.

b 📼 Réécoute et répète.

> *Oh, la belle pomme … j'ai faim … Oh là là! J'ai mal au …1…, oh … j'ai envie de vomir …*

Blanche-Neige

> *Aïe, mon …2…, j'ai mal au …2…! Oh, j'ai froid et … ahahah, j'ai envie de dormir …*

La Belle au bois dormant

> *Aïe, j'ai très mal aux …3… . Et j'ai soif, j'ai soif!*

Dracula

> *J'ai mal à la …4… , j'ai chaud, je n'ai pas faim … zut, alors!*

Le grand méchant loup

■■■■■■■■■■■■■■■■■■

Expressions-clés

J'ai (très) mal	à l'épaule
	à la tête
	au ventre
	aux yeux
J'ai	faim
Je n'ai pas	soif
	chaud
	froid
	envie de vomir
	envie de dormir

---

5 👥 Choisis un personnage de l'activité 4. La classe devine qui tu es.

> *J'ai mal au doigt. J'ai froid. J'ai envie de dormir.*
> **A**

> *Tu es la Belle au bois dormant!*
> **B**

6 👪 Imagine les quatre personnages chez le docteur. Invente les conversations.

> *Vous vous appelez comment?*
> **A**

> *Je m'appelle Blanche-Neige.*
> **B**

> *Qu'est-ce qui ne va pas?*
> **A**

> *J'ai mal au ventre et j'ai envie de dormir.*
> **B**

En plus …

Écris ou enregistre les conversations.

Guide pratique

On dit tu *ou* on dit *vous*?

• On dit *tu* aux copains, à la famille.
• On dit *vous* aux adultes (dans les magasins, etc.) et à deux personnes ou plus.

7 Dans les conversations 1–4, page 90, pourquoi *tu* et pourquoi *vous*?

C'est la forme!

You will learn how to ...

✓ discuss what's good/bad for your health: *Fais du sport, c'est bon pour la santé. Ne fume pas, c'est mauvais pour la santé.*

✓ agree and disagree: *Je suis d'accord. Je ne suis pas d'accord.*

✓ understand and give advice on healthy eating: *Mange des fruits. Ne bois pas de coca.*

Ça ne va pas … Je ne suis pas en forme. Aidez-moi!

Les panneaux de bonne conduite

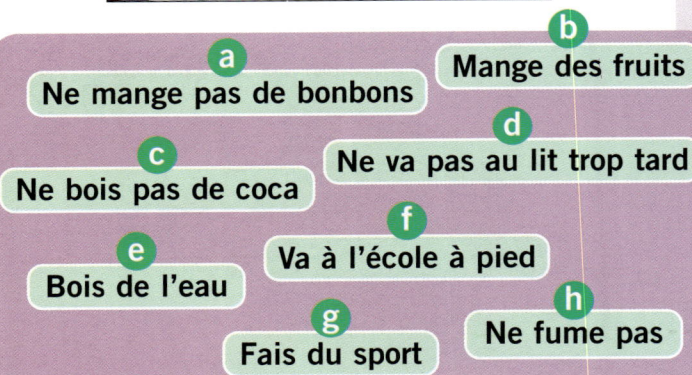

a **Ne mange pas de bonbons**

b **Mange des fruits**

c **Ne bois pas de coca**

d **Ne va pas au lit trop tard**

e **Bois de l'eau**

f **Va à l'école à pied**

g **Fais du sport**

h **Ne fume pas**

1 📼 Relie les conseils aux panneaux. Écoute pour vérifier. *Exemple* 1 – h

2 📼 Écris le conseil pour chaque panneau. Réécoute.
Exemple 1 – Ne fume pas, c'est mauvais pour la santé.

3 Invente d'autres panneaux! *Exemple* Ne mange pas de chips, c'est mauvais pour la santé.

4  Écoute les conseils de Jasmine à Antoine.
Il est d'accord ou pas d'accord?
Exemple 1 – pas d'accord

5 👥 **A** donne un conseil. **B** est d'accord ou pas?
Changez de rôle.
Exemple

A: Ne fume pas, c'est mauvais pour la santé.
B: Oui, je suis d'accord.
B: Ne mange pas de bonbons, c'est mauvais pour la santé.
A: Ah non, je ne suis pas d'accord. (J'adore les bonbons!)

En plus …

Écris des conseils à Antoine.
*Exemple Antoine, fais du sport. Ne mange
pas de gâteaux …*

 **sur … l'impératif**

147

6 Pourquoi l'impératif? Lis les phrases à droite.
Fais deux listes:
– les instructions
– les conseils.

7 Pourquoi la différence? Fais deux listes:
– quand on dit *tu*
– quand on dit *vous*.

Attention!
Ne fume **pas**.
Ne bois **pas** de coca.

Fais du sport!

LEVEZ LA MAIN!

Répète

NE FUME PAS

Mange des fruits

Écris

Écoute · Écoute · Écoute · Écoute

Ne va pas
au lit
trop tard!

Va à l'école à pied

Discutez
en classe

Bois de l'eau

BAISSEZ LES BRAS

Expressions-clés

- C'est bon pour la santé
  Mange des fruits
  Bois de l'eau
  Va à l'école à pied
  Fais du sport

- Je suis d'accord

- C'est mauvais pour la santé
  Ne mange pas de bonbons
  Ne bois pas de coca
  Ne va pas au lit trop tard
  Ne fume pas

- Je ne suis pas d'accord

Je fais du tennis

Le sport à Dieppe

1 la voile
2 la planche à voile
3 le ski nautique
4 la natation
5 le tennis
6 l'équitation
7 le cyclisme
8 le patinage

1 Regarde les photos et écoute. Qu'est-ce qu'on peut faire comme sport à Dieppe?
Exemple 1, 2, ...

Guide pratique

Avant d'écouter la cassette:

– lis bien la question
– regarde bien toutes les photos
– note le nom des sports que tu connais
– pense à d'autres sports.

Expressions-clés

Qu'est-ce qu'on peut faire comme sport?
On peut faire du tennis, de la natation,
de l'équitation

Qu'est-ce que tu fais comme sport?
Je fais du ski, de la natation, de l'équitation ...

2 Qu'est-ce qu'on peut faire comme sport dans ta ville? Fais une liste. Tout le monde est d'accord?
Exemple À la piscine on peut faire de la natation, au stade on peut faire du football.

3 Jeu du vrai ou faux.

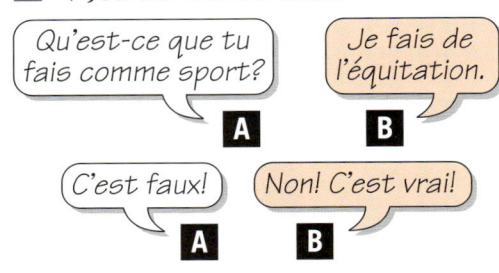

Qu'est-ce que tu fais comme sport? **A**

Je fais de l'équitation. **B**

C'est faux! **A**

Non! C'est vrai! **B**

Rappel

J'aime ...	Je fais ...
le football	**du** football
la natation	**de la** natation
l'équitation	**de l'**équitation

Le sport à l'école

Une classe de sixième du collège Georges Braque correspond avec une école québécoise sur Internet. Voici une lettre sur le sport à l'école.

Netscape:

http:/classe.sixièmeB./Dieppe

La classe de sixième B
Collège Georges Braque Dieppe

Bonjour!
Merci pour votre lettre. Vous demandez: «Qu'est-ce que vous faites comme sport à l'école?»
Le lundi, nous avons EPS. Nous allons au stade. Nous faisons de l'athlétisme, du hand-ball et du football. Le jeudi, nous allons à la piscine et nous faisons de la natation et de l'aquagym. Nous aimons le foot et nous adorons l'aquagym!
Vous avez EPS aussi? Est-ce que vous allez à la piscine et au stade? Qu'est-ce que vous faites comme sport à l'école? Qu'est-ce que vous aimez?
Le midi, nous mangeons à la cantine. C'est un self. Vous allez à la cantine à midi? Qu'est-ce que vous mangez? Est-ce que vous aimez? Racontez-nous les menus!

À bientôt!

4 Lis la lettre. Un(e) élève de Georges Braque dit ça: oui ou non?

a «Je fais de l'aquagym le jeudi.»
b «Je n'aime pas le football.»
c «Je vais au stade et je fais de l'athlétisme.»
d «J'adore le rugby à l'école.»

5 Relis les phrases soulignées. Adapte ces phrases pour ta classe.
Exemple Le mardi, nous allons à la piscine. Nous faisons de la natation.

En plus ...

a Écris une lettre à ton correspondant sur le sport à l'école. Pose aussi des questions.
ou
b Écris ou enregistre une réponse à la lettre.

ZOOM sur... *nous/vous + verbes*

Vous avez EPS?
Oui, nous avons EPS.

Vous aimez la natation?
Nous aimons le foot.

Vous faites du sport?
Nous ne faisons pas de sport.

Vous mangez où à midi?
Nous mangeons à la cantine.

Vous allez au stade?
Non, nous allons à la piscine.

• La terminaison typique avec *nous*? (Vérifie page 146.)

6 Fais une liste de tous les verbes en *-ons* dans la lettre.

• La terminaison typique avec *vous*? (Vérifie page 146.)
Attention! *Vous **faites***

7 Fais une liste de tous les verbes en *-ez* dans la lettre.

• *On* ou *nous*?
Rappelle-toi page 80!
On = nous   *On mange des chips (toi + moi).*

Utilise *on* pour parler ou écrire à des copains:
On va à la plage.
Utilise *nous* pour écrire, c'est plus officiel:
Nous allons à la plage.

146

Le sport pour toi

You will learn how to ...

✓ choose the right translation for a word
✓ check words that end in -*tion*, and the consonants *t, d, p, k*

1 👥 **A** pose les questions et conseille un sport à **B**. Changez de rôle.

Exemple

A: Tu es fana de sport?
B: Non.
A: Tu aimes l'activité physique?
B: Non.
A: Alors, fais du golf ou du yoga. C'est calme.

Guide pratique

Attention! Dans le dictionnaire, un mot peut avoir plusieurs explications.

Par exemple: *Pas de régime!*

un régime =
a a system of government   **b** a diet
c a speed   **d** a bunch, cluster

2 Choisis la bonne traduction ici.

3 Cherche *forme* dans le dictionnaire. Quelle est la bonne traduction?

Ça se dit comme ça!

Les mots en -tion

4 📼 Écoute et répète.

la natation   l'équitation
Attention à la prononciation!

Les consonnes: t, d, p, k

5a 📼 Écoute, c'est différent de l'anglais.

tennis, tomate, gâteau
danse, Dracula, David
ping-pong, pomme, Patrick
karaté, kayak, Coca-cola

b 📼 Réécoute et répète.

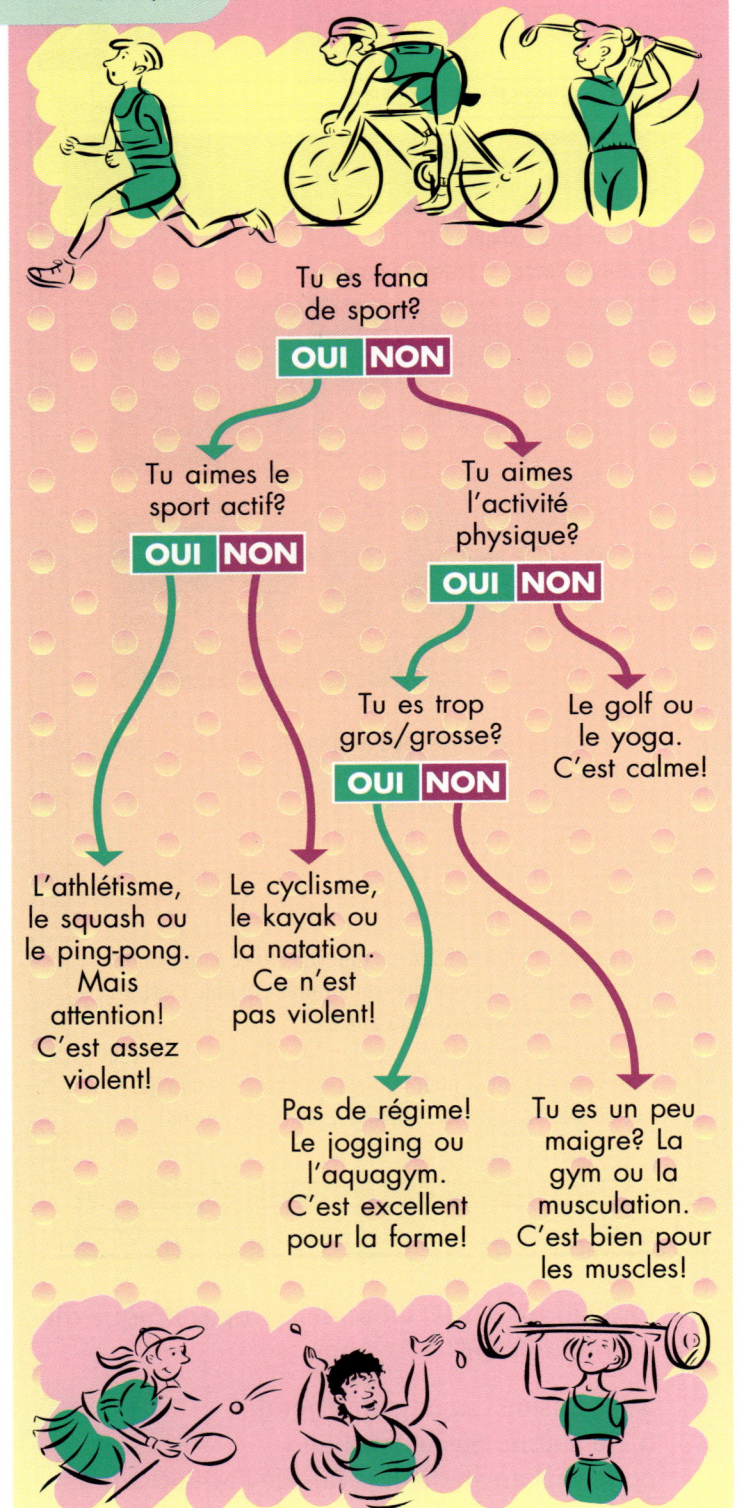

Tu es fana
de sport?

OUI NON

Tu aimes le
sport actif?

OUI NON

Tu aimes
l'activité
physique?

OUI NON

Tu es trop
gros/grosse?

OUI NON

Le golf ou
le yoga.
C'est calme!

L'athlétisme,
le squash ou
le ping-pong.
Mais
attention!
C'est assez
violent!

Le cyclisme,
le kayak ou
la natation.
Ce n'est
pas violent!

Pas de régime!
Le jogging ou
l'aquagym.
C'est excellent
pour la forme!

Tu es un peu
maigre? La
gym ou la
musculation.
C'est bien pour
les muscles!

Interlude

Charlie le chat

Tu sais … ?

✓ nommer les parties du corps	*la tête, les yeux, le nez, la bouche, les oreilles, la gorge, le bras, la main, le doigt, le ventre, le dos, le pied …*
✓ demander et dire comment ça va	*Ça va? Ça va bien, merci. Ça ne va pas. Qu'est-ce qui ne va pas? J'ai (très) mal à l'épaule, à la tête, au dos, aux yeux. J'ai soif, chaud, envie de vomir.*
✓ donner des conseils pour la santé	*C'est bon/mauvais pour la santé. Mange des fruits. Ne mange pas de bonbons. Bois de l'eau. Ne fume pas. Je suis d'accord. Je ne suis pas d'accord.*
✓ demander/dire quels sports on peut faire/on pratique	*Qu'est-ce qu'on peut faire comme sport? On peut faire de la voile, du ski nautique, de l'équitation. Qu'est-ce que tu fais/vous faites comme sport? Je fais de … Nous faisons de …*

Et en grammaire … ?

✓ le pluriel	*la main, les mains le bras, les bras le genou, les genoux*
✓ les instructions et les conseils	*Baissez … Levez … Écoute … Écris … Mange … Bois …*
✓ les verbes avec *nous* et *vous*	*Nous aimons … Vous aimez …*
✓ *on*	*On fait du sport.*

En équipe

Participe à la campagne de publicité pour la forme!

1 Fais une affiche sur un sport. Trouve une photo (ou fais un dessin) et écris un slogan.

2 Invente un menu-santé. Choisis un menu pour:

a ta boîte-repas*
b la cantine.

3 Invente une cassette-santé. Écris des instructions, trouve une musique, enregistre! Choisis:

a une séance de relaxation

Relax, Max

b une séance de gym.

Gym-Tonic

4 Fais des graffiti sur la forme! Affiche-les au mur de la classe.

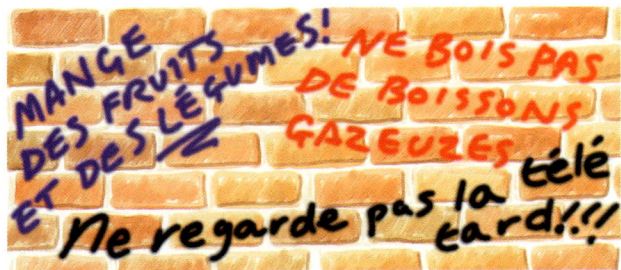

* Mini-info

Pas de "packed lunch" pour les élèves français! À midi, en France, on mange à la cantine ou à la maison.

Équipe-Magazine

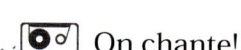 On chante!

Ouille, aïe, oh là là!

Tous les matins
au petit déjeuner,
j'entends Maman
me répéter:
«Ne bois pas ci,
ne bois pas ça,
bois du jus de fruits
pas du coca!»

Ouille, aïe, oh là là!
Vive le milk-shake et le coca! } bis

L'après-midi
à la cantine,
moi, j'ai envie
de grosses tartines.
Mais pour la forme
on nous le dit:
mangez des pommes
et des kiwis!

Ouille, aïe, oh là là!
Vive les tartines au chocolat! } bis

Je fais du yoga,
j'ai mal au dos.
Je fais du judo,
j'ai mal aux bras.
Un sport génial
pour la santé,
c'est le football
à la télé!

Ouille, aïe, oh là là!
Vive la télé et le sofa!

Ouille, aïe, oh là là!
Vive le milk-shake et le coca,
Vive les tartines au chocolat,
Vive la télé et le sofa!

Ça se dit

C'est le pied!
(C'est super!)

Il est casse-pieds!
(Il est pénible!)

Il joue comme un pied!
(Il est nul!)

Le sport national de la France?

Après le football, c'est la pétanque.
On peut jouer à la pétanque dans le jardin, à la plage, à la campagne. C'est facile et amusant pour toute la famille!

Week-end à Dieppe

Moi, je sors ce week-end!

You will learn how to ...

✓ ask about someone's plans for the weekend: *Qu'est-ce que tu fais ce week-end?*

✓ say what your plans are: *Moi, je sors./Je ne sais pas.*

1 🎞 Écoute, lis et apprends par cœur.

2 👥 Discute avec ton/ta partenaire.

* Ludibulle: centre sportif près de Dieppe

Zoom sur... moi et toi

*Je sors ce week-end. Et **toi**?*
***Moi, je** ne sors pas.*

3 Relis la conversation, page 100. Trouve des exemples avec *moi* et *toi*.

Pourquoi *Moi, je* ...?   (Vérifie page 144.)

4 Recopie et complète avec *moi* ou *toi*.

...... , tu fais les courses?
Non, ... , je ne fais pas les courses. Et ...... ?
...... oui, je fais les courses avec ma grand-mère.

144

5 Arnaud téléphone à Jasmine. Regarde le planning et réponds pour Jasmine.

6 Écris ton planning du week-end comme Jasmine!

Choisis un style.

Sérieux	Donne beaucoup de détails (jour, heure, etc.)
Rigolo	*Ajoute tes opinions!*

Génial! Bof! Beurk! Nul!

Différent	*Imite l'écriture française!*

Expressions-clés

Qu'est-ce que tu fais	ce week-end?
vous faites	samedi matin/après-midi/ soir?

Je ne sais pas.	Je vais voir ma famille
Je fais les courses.	Je sors avec des copains.
Je fais mes devoirs.	Je regarde le foot à la télé.
Je dors.	Je vais à la piscine.

On va ... On fait ... On sort ... On dort.

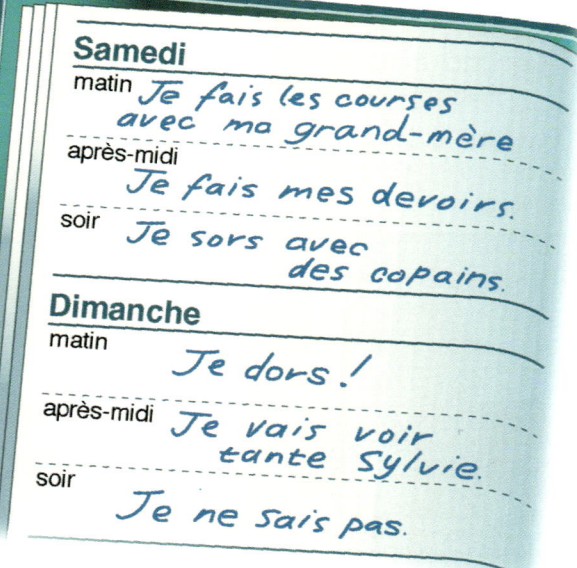

Samedi
matin *Je fais les courses avec ma grand-mère*
après-midi *Je fais mes devoirs.*
soir *Je sors avec des copains.*

Dimanche
matin *Je dors!*
après-midi *Je vais voir tante Sylvie.*
soir *Je ne sais pas.*

7 Compare ton planning du week-end avec ton/ta partenaire. Prends des notes.

Qu'est-ce que tu fais samedi matin? **A**

Je fais mes devoirs. Et toi? **B**

Je vais à la piscine. Et samedi après-midi?... **A**

En plus ...

Décris un week-end typique dans ta famille ou ton pays.
Commence: *En général, le week-end (dans ma famille/en Grande-Bretagne), on sort/on va ...*

Qu'est-ce qu'il y a?

You will learn how to ...

✓ find out what's available in a town: *Qu'est-ce qu'il y a (à Dieppe)? Est-ce qu'il y a un zoo ici?*

✓ say what's available or not: *Il y a un château. Il y a des monuments historiques. Il n'y a pas de zoo.*

Dieppe, l'été sympa

Le château-musée

Ouvert tous les jours de 10 h à 12 h et de 2 h à 6 h Collection de peintures et d'objets en ivoire

La Cité de la mer

Musée des techniques de pêche
Ouvert tous les jours, de 10 h à 7 h

CENTRE JEAN RENOIR
Scène Nationale - Médiathèque

Centre culturel Jean Renoir

Médiathèque, ouverte du mardi au samedi de 3 h à 6 h (vidéothèque, bibliothèque)
Salle de spectacle: théâtre, danse, cinéma

Les Tourelles

Monument historique
ancienne porte des fortifications
de la ville

Le port

Avec ses bateaux de pêche,
de commerce et de plaisance

Le front de mer

La plage, avec une piscine chauffée,
un mini-golf, des courts de tennis,
un jardin d'enfants

Et beaucoup d'autres choses encore!

Des églises historiques, une vieille ville, un marché très animé, des cafés, des restaurants, des magasins, un casino, des salles de jeux, un parc, un centre sportif, des boîtes sympa ... Dieppe, c'est chouette!

1 Qu'est-ce qu'il y a à Dieppe? Fais une liste!
Exemple *À Dieppe, il y a un … / il y a une … / il y a des …*

2 👥 Fais cinq phrases, vraies ou fausses, sur ta ville.
La classe trouve les erreurs!

> *Ici, il y a un musée.* **A**

> *C'est faux! Il n'y a pas de musée.* **B**

Rappel

Il y a	+	**un** marché
		une plage
		des cafés
Il **n'**y a **pas**	+	**de** marché/plage/cafés

3 🔊 Écoute les conversations dans les rues de Dieppe. Vrai ou faux? Vérifie page 102.
Exemple   1 – c'est faux.

En plus ...

🔊 Réécoute les conversations. Réponds.

a Où est le cinéma Rex?
b Qu'est-ce qu'il y a sur le front de mer?
   Une piscine, ……
c La bibliothèque du centre Jean Renoir
   est fermée le …… et le ……
d C'est quel jour, le marché?

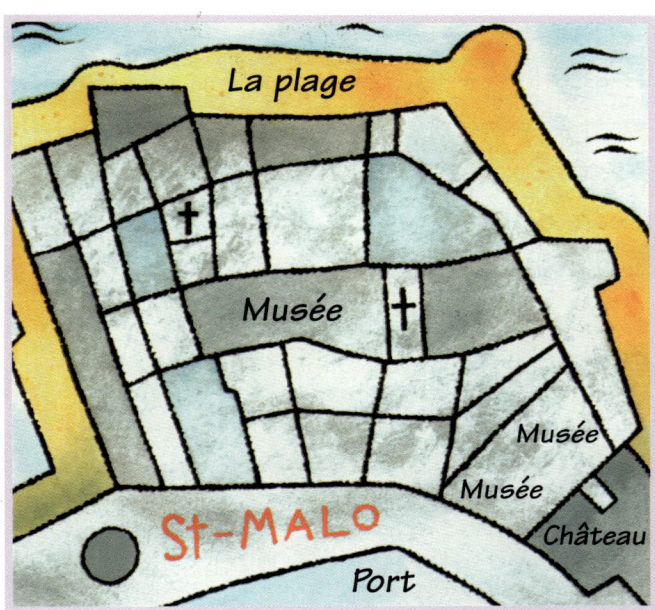

4 👥 **A** choisit une ville. **B** pose des questions et devine la ville.

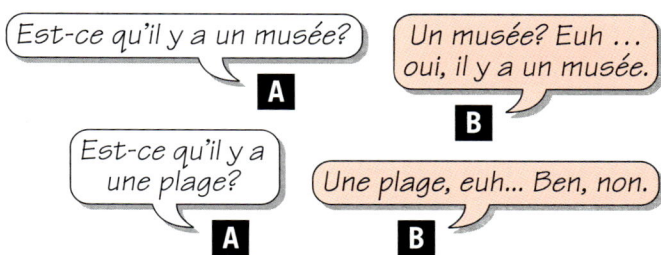

Est-ce qu'il y a un musée? **A**

Un musée? Euh … oui, il y a un musée. **B**

Est-ce qu'il y a une plage? **A**

Une plage, euh... Ben, non. **B**

Guide pratique

Parle sans paniquer! Prends ton temps.
• Répète la question ou la phrase.
  Qu'est-ce qu'il y a ici?/ Est-ce qu'il y a un château?
  Il y a … Il y a un parc.
• Utilise des mots pour hésiter:
  Euh … Eh bien … Ben …

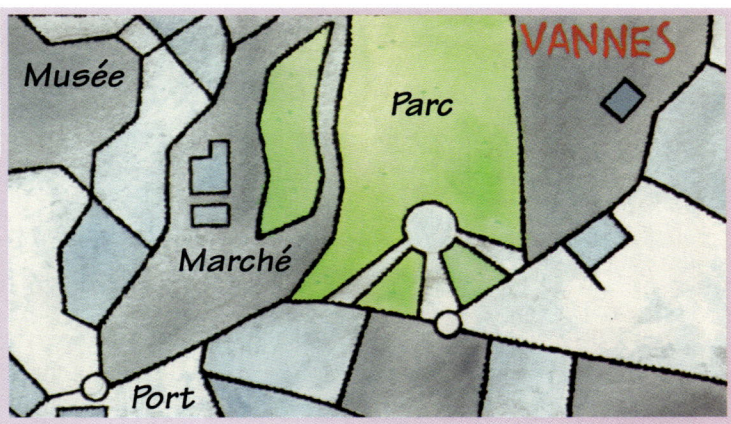

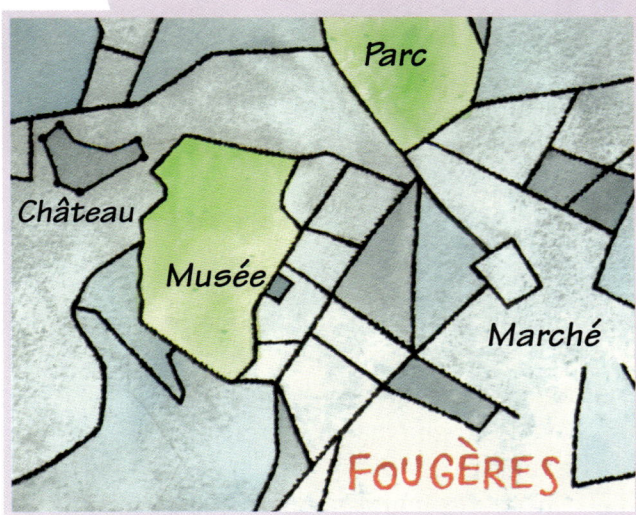

Expressions-clés

Qu'est-ce qu'il y a à Dieppe?

Est-ce qu'il y a un marché, une plage, des parcs?

Il y a   un château, un musée, un parc, un port
         un cinéma, un marché, un centre sportif
         une piscine, une plage
         une bibliothèque, une vidéothèque
         des monuments historiques
         des magasins, des cafés, des boîtes
         des églises historiques

Il n'y a pas de zoo.

On fait une promenade

You will learn how to ...

✓ find out about activities in a town: *Qu'est-ce qu'on fait à Dieppe le week-end?*

✓ say what people do: *On visite le port. On va au marché.*

✓ make suggestions for a visit: *On prend le petit train touristique?*

✓ give an opinion with tact: *Oh oui! Super! D'accord! C'est chouette, ça!*
Ce n'est pas très intéressant. Je n'aime pas beaucoup ...

a Une promenade en mer

b Une visite guidée du port

c Le petit train touristique

d Un café de la place du Puits-Salé

e Les quartiers historiques

f Le marché

1 🔊 Qu'est-ce qu'on fait le week-end à Dieppe? Écoute les jeunes Dieppois. Numérote les photos 1–6.
Exemple 1 – b

2 👥 Sondage. Qu'est-ce qu'on fait le week-end dans ta ville?
Exemple Ici, on fait les courses au supermarché ou on fait une promenade.

Expressions-clés

On fait une visite guidée/une promenade (en mer)
    prend le petit train
    visite les quartiers historiques
    va au cinéma/au marché
et aussi:
On fait les courses, on va à la piscine/en boîte, etc.

3a 🔊 Écoute. Max et Sonia sont à Dieppe pour un week-end. Note leur planning.

b 🔊 Sonia accepte/refuse les suggestions de Max. Comment? Fais deux listes:

accepter	refuser
Ah oui!	Oh non!

Super!   D'accord.   Euh … bof!

C'est chouette, ça!   Je n'aime pas beaucoup …

Ce n'est pas très intéressant!

4 👥 Week-end à Dieppe.
A choisit une activité en secret. **B** fait des suggestions pour trouver l'activité de A.
A répond avec tact.

On fait une promenade en mer? **B**

Ce n'est pas très intéressant! **A**

On va au marché? **B**

Ah oui, d'accord! C'est chouette, ça! **A**

Guide pratique

Pour donner ton opinion avec tact:
Ne dis pas: *Beurk, c'est nul!*
Dis: *Ce n'est pas très intéressant.*
Je n'aime pas beaucoup.

ZOOM sur… les verbes irréguliers

5 🔊 Trouve le bon verbe et complète la chanson! Puis chante avec la cassette.

aller: vais, vas, va, allez
faire: fais, fais, faites, fait
être: suis, es, êtes, est
avoir: ai, as, a, avez

Aller au cinéma, c'est chouette, ça!
Moi, je *vais* au cinéma,
Toi, tu …… au cinéma,
Nous, on …… au cinéma,
Vous …… au cinéma? C'est chouette, ça!

Faire une promenade en mer, c'est super!
Moi, je …… une promenade en mer,
Toi, tu …… une promenade en mer,
Nous, on …… une promenade en mer,
Vous …… une promenade en mer? C'est super!

Être dans le petit train, c'est bien, ça!
Moi, je …… dans le petit train,
Toi, tu …… dans le petit train,
Nous, on …… dans le petit train,
Vous …… dans le petit train? C'est bien, ça!

Avoir des devoirs à faire, c'est bête, ça!
Moi, j'…… des devoirs à faire,
Toi, tu …… des devoirs à faire,
On …… des devoirs à faire,
Vous …… des devoirs à faire? C'est bête, ça!

Voici d'autres verbes irréguliers.
Regarde la page 147.

146 prendre   dormir   sortir   boire   lire   écrire

C'est où, le port?

You will learn how to …

✓ ask for directions: *C'est où, le port?*

✓ understand and give directions: *Tournez à droite. Prenez la première rue à gauche. C'est en face du cinéma.*

✓ speak politely: *Pardon, madame/monsieur. S'il vous plaît. Merci beaucoup! Au revoir!*

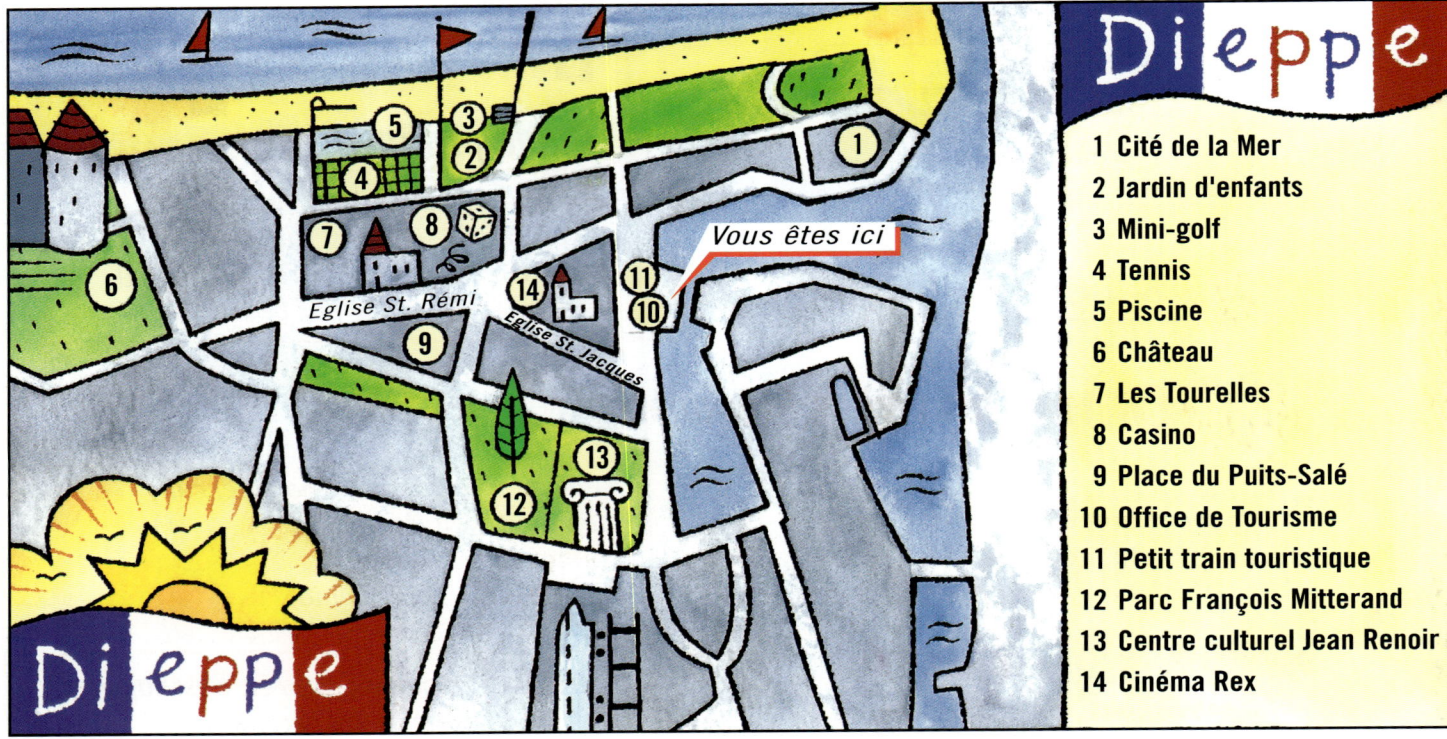

Vous êtes ici

Dieppe

1 Cité de la Mer
2 Jardin d'enfants
3 Mini-golf
4 Tennis
5 Piscine
6 Château
7 Les Tourelles
8 Casino
9 Place du Puits-Salé
10 Office de Tourisme
11 Petit train touristique
12 Parc François Mitterand
13 Centre culturel Jean Renoir
14 Cinéma Rex

Eglise St. Rémi   *Eglise St. Jacques*

1 🔊 Écoute et répète.

Expressions-clés

C'est où, le port/la plage?

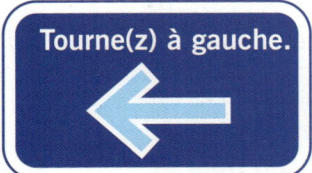

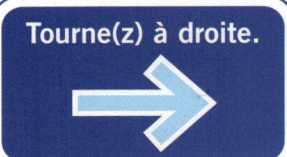

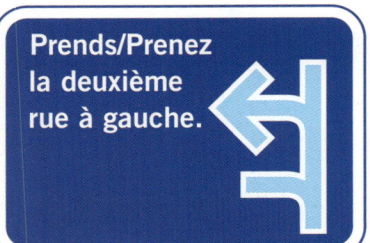

2 🔊 Regarde le plan de Dieppe et écoute.
On est à l'Office de Tourisme.
Qui va au centre culturel? au casino? à la piscine?
Exemple *Le numéro 1 va …*

3a Recopie et complète les instructions.

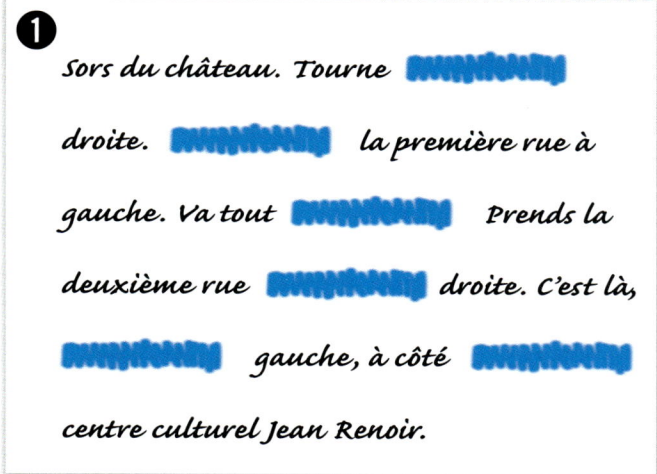

❶ Sors du château. Tourne ▧▧▧▧ droite. ▧▧▧▧ la première rue à gauche. Va tout ▧▧▧▧ Prends la deuxième rue ▧▧▧▧ droite. C'est là, ▧▧▧▧ gauche, à côté ▧▧▧▧ centre culturel Jean Renoir.

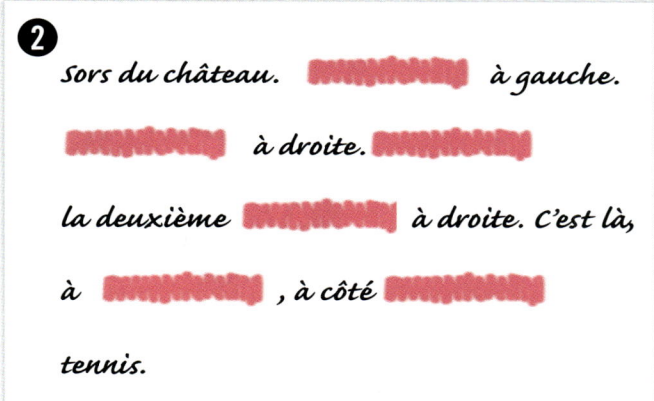

❷ Sors du château. ▧▧▧▧ à gauche. ▧▧▧▧ à droite. ▧▧▧▧ la deuxième ▧▧▧▧ à droite. C'est là, à ▧▧▧▧ , à côté ▧▧▧▧ tennis.

3b Suis les instructions. Tu vas où?

En plus …

Prépare des instructions. La classe devine l'endroit.

4a 🔊 Écoute. Il y a une erreur dans chaque conversation. Trouve et corrige!

b 🔊 Réécoute. Qui est poli, la fille ou le garçon?

c 🔊 Quelles expressions utiliser pour être poli?

Guide pratique

Comprendre les mots-clés

- Quand tu écoutes, pense à l'avance aux mots importants. Par exemple: *à droite, à gauche, tout droit …*
- Attention à la prononciation: *à droite*, mais *tout droit.* C'est différent!
- Écoute bien jusqu'à la fin!

La sortie? C'est à gauche. Non, à droite … Ah non, c'est tout droit!

Guide pratique

5 Choisis les expressions polies.

Madame! Pardon, madame/monsieur

Euh … Monsieur! S'il vous plaît

Au revoir Bon, d'accord/OK

Merci beaucoup, madame/monsieur

6 Tu es touriste à Dieppe. Tu demandes ton chemin au prof. Il/Elle répond seulement si tu es poli(e)!

C'est où, le port? — **A** le prof

? — **A** le prof

Pardon, madame/monsieur! C'est où, le port, s'il vous plaît? — **A**

Alors, tourne … —  le prof

On chante!

Week-end à Dieppe

Qu'est-ce qu'on fait le week-end à Dieppe?
On visite le château-musée,
On va voir un film au ciné,
On boit un coca au café,
C'est ça, un week-end à Dieppe!

Dieppe, Dieppe, c'est super chouette, } *bis*
À Dieppe, on fait la fête!

Qu'est-ce qu'on fait le week-end à Dieppe?
On prend un petit train touristique,
On voit les quartiers historiques,
On fait un peu de sport nautique,
C'est ça, un week-end à Dieppe!

Dieppe, Dieppe, oui, c'est génial, } *bis*
À Dieppe, c'est l'idéal!

Qu'est-ce qu'on fait le week-end à Dieppe?
On fait une promenade en mer,
On visite la Cité de la mer,
On sort en boîte ou au concert,
C'est ça, un week-end à Dieppe!

Dieppe, Dieppe, c'est très sympa,
À Dieppe, on fait la fête!
Alors Dieppe, pour un week-end ...
Pourquoi pas?!

1  Écoute et chante.

2 Écris un couplet pour une chanson sur ta ville
(ou une ville que tu connais).

Week-end à Brighton
Qu'est-ce qu'on fait le week-end
à Brighton?
On visite le Royal Pavilion.
On ...
C'est ça, un week-end à Brighton!

Ça se dit comme ça!

Les voyelles

Prononce bien le français, ce n'est pas
comme en anglais! Le son des voyelles est
simple et court en français.

3 Écoute et répète le français.
château   Coca-cola   café   fête

4 Écoute. C'est en français ou en anglais?
pie   gâteau   blasé   face   Detroit   coupé

5 Écoute et répète.
On va faire un tour sur le front de mer?
Il a un château super rigolo.
Tu bois un Coca-cola ou un café noir?

Interlude Charlie le chat

Tu sais … ?

✓ discuter de projets pour le week-end	*Qu'est-ce que tu fais/vous faites ce week-end? Je ne sais pas. Moi, je sors. On va au café/cinéma/musée. On visite le château. On fait une promenade.*
✓ faire des suggestions de sorties, accepter ou refuser	*On va au marché/à la plage? Oui, d'accord. Super! Non, c'est nul. Ce n'est pas intéressant. Je n'aime pas beaucoup …*
✓ demander et dire ce qu'il y a ou ce qu'il n'y a pas en ville	*Qu'est-ce qu'il y a à Dieppe? Est-ce qu'il y a un zoo ici? Il y a un château/une plage/des monuments historiques. Il n'y a pas de zoo.*
✓ demander et indiquer le chemin poliment	*Pardon, madame/monsieur! C'est où, le port/la plage, s'il vous plaît? C'est à droite/à gauche. Allez tout droit, prenez la première (rue) à droite. Merci beaucoup! Au revoir!*

Et en grammaire … ?

✓ *moi, toi*	*Moi, je … Et toi?*
✓ les verbes irréguliers	*aller, faire, prendre*

En équipe

C'est chouette, ma ville!

Prépare une publicité sur ta ville … en français, pour les touristes!

Choisis:

a une affiche publicitaire
Trouve une jolie photo ou fais un dessin.
Écris un slogan.

b une visite guidée sur cassette (audio/vidéo)
Prépare une visite guidée. Enregistre sur une cassette.

Sortez de l'office de tourisme.
Tournez à droite. Allez tout droit.
Voici le café Le Rendez-vous.
En face du café, il y a un théâtre.
Là, il y a des concerts …

c un dépliant illustré
Trouve des photos. Écris de petits textes sur la ville.

Il y a une plage super, des salles de jeux, un mini-golf, des cafés sympa. On fait une promenade sur la jetée.

Il y a 30 restaurants dans Christchurch Road!

Équipe-Magazine

Le week-end des Français

Le week-end pour vous, qu'est-ce que c'est?

C'est …

- le déjeuner en famille (36%)
- les visites de famille (35%)
- la promenade à la campagne (30%)
- les travaux ménagers, le bricolage, le jardinage (21%)
- la grasse matinée (19%)
- la sortie du samedi soir (15%)
- les courses du samedi (14%)
- le jogging du matin (3%)

(source Francoscopie 95)

Sondage auprès des 13–17 ans

«Qu'est-ce que vous aimez faire quand il n'y a pas d'école?»

– aller au cinéma	49%
– retrouver des copains	46%
– écouter de la musique	44%
– faire du sport	42%
– regarder la télévision	24%
– aller en boîte	20%
– faire les magasins	17%
– lire des BD	10%
– jouer avec des jeux électroniques	8%
– aller au théâtre	2%
– avoir une réunion de famille	2%

(Sondage Madame Figaro/SOFRES)

Bon voyage!

Jasmine part au Canada

Jasmine: Je vais au Canada en juillet!
Nathalie: En vacances?
Jasmine: Non, je vais habiter avec mon père!
Nathalie: Oh, tu pars! C'est triste.
Jasmine: Oui, je sais.

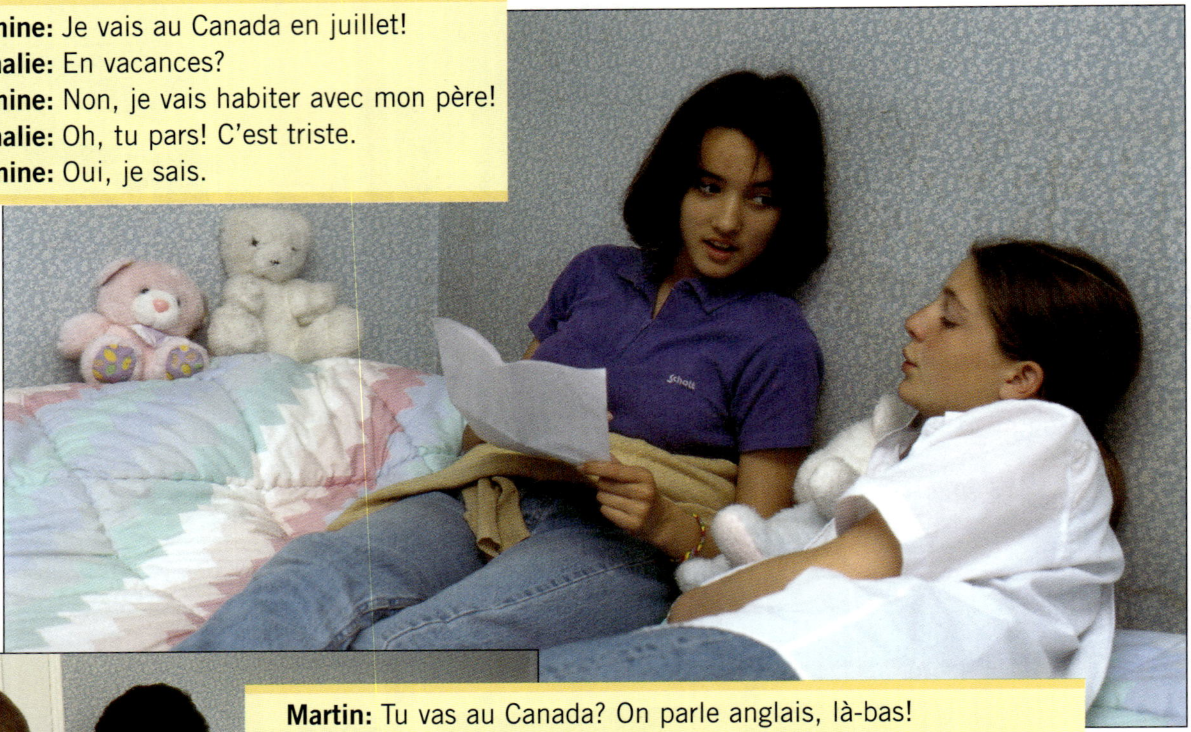

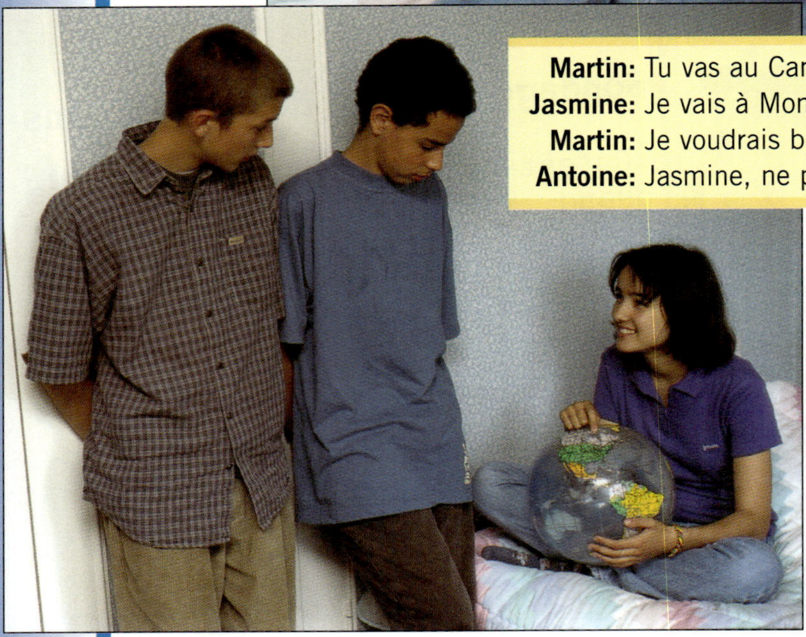

Martin: Tu vas au Canada? On parle anglais, là-bas!
Jasmine: Je vais à Montréal, au Québec. Là-bas, on parle français!
Martin: Je voudrais bien aller au Québec!
Antoine: Jasmine, ne pars pas! Reste en France, à Dieppe!

Jasmine ...... en juillet!
Elle ...... habiter avec son
père ...... Montréal, ...
Québec. ......, je ...... triste!
Martin voudrait bien ......
au Québec aussi. ......
voudrait que Jasmine
reste à Dieppe.

1 🔈 Écoute et lis. Apprends par cœur.

2 Recopie et complète la lettre de Nathalie
avec les mots dans la boîte.

part	suis	au	Moi
Antoine	va	aller	à

Dans le monde ...

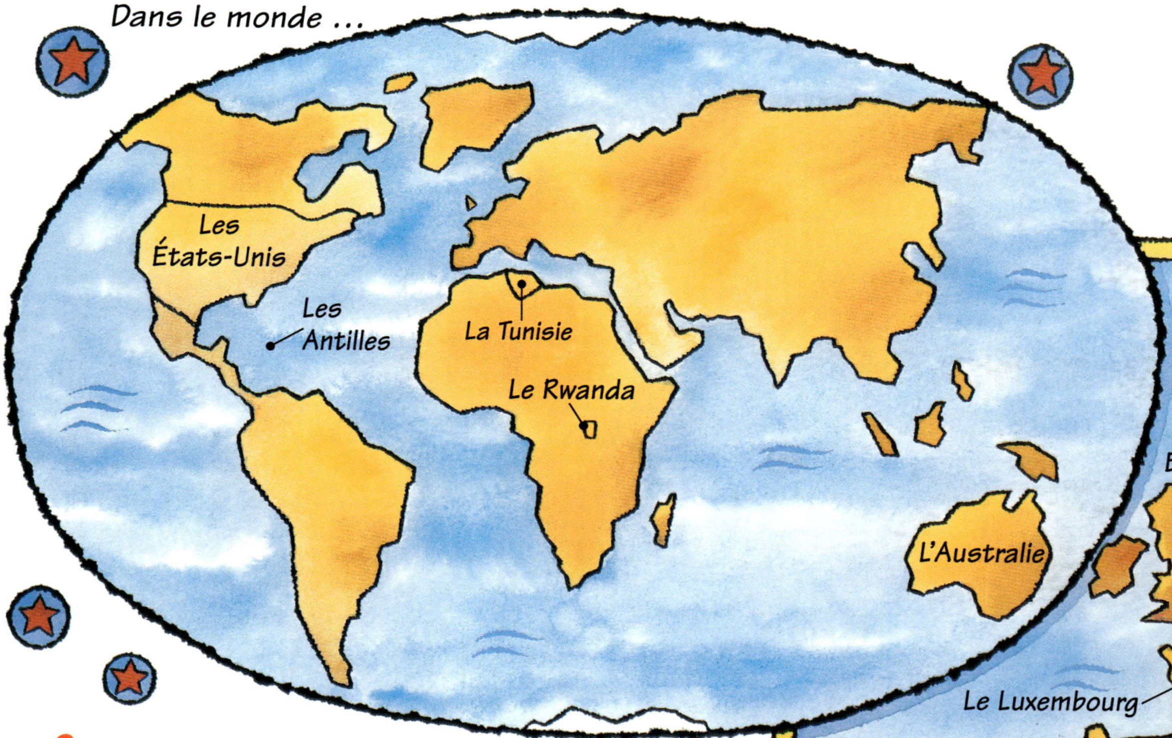

Les
États-Unis

Les
Antilles

La Tunisie

Le Rwanda

L'Australie

En Europe ...

L'Allemagne

La
Belgique

Le Luxembourg

La Suisse

3a Devine où on parle français.

b 🔊 Écoute pour vérifier.

ZOOM sur... les pays

4a Les pays dans l'exercice 3 sont masculins ou féminins?

pays masculins	pays féminins
le Rwanda	la France

b Trouve d'autres pays. Cherche dans le dictionnaire.

5 Regarde les expressions-clés. Devine!
(Vérifie page 143.)

en
au + pays féminin? pays masculin?
aux   pays féminin ou masculin pluriel?

6 Recopie et complète les phrases.
Exemple En France, on parle français.
...... Tunisie, on parle arabe et français.
...... Rwanda, ... kinyarwanda et français.
...... Antilles, ... créole, français et anglais.

7 👥 A Écris six pays où tu voudrais bien aller.
B Devine les six pays de A.

Tu voudrais aller en Suisse? **B**

Oui, je voudrais bien aller en Suisse. **A**

Tu voudrais aller en Allemagne? **B**

Non. **A**

Expressions-clés

Le
Je vais **au**   Canada/Rwanda/Luxembourg

La
L'   France/Belgique/Suisse/Tunisie
Je vais **en**   Allemagne/Amérique du nord/Australie

Les
Je vais **aux**   États-Unis/Antilles

143

Il fait beau!

You will learn how to …

✓ ask what the weather is like: *Il fait quel temps?*
✓ say what the weather is like: *Il fait beau. Il y a du soleil. Il pleut.*
✓ understand a weather forecast

Les quatre saisons

Voici quatre pays francophones. Il fait quel temps?

En été au Burkina Faso

En automne en France

En hiver au Québec

Au printemps en Nouvelle-Calédonie

1a Devine le temps! Regarde les expressions-clés
(page 115) et écris les numéros.
*Exemple Au printemps, en Nouvelle-
Calédonie: 1, …*

b 🔲 Écoute pour vérifier.

2 👥 C'est où?

> Il fait quel temps?
> **A**

> Il fait chaud, il pleut
> et il y a de l'orage.
> **B**

> C'est en Nouvelle-Calédonie,
> au printemps!
> **A**

> Oui, c'est ça.
> **B**

3 Il fait quel temps chez toi? Écris.
Exemple Au printemps, il fait … En été, …

En plus …

Quel temps est-ce que tu aimes/
n'aimes pas? Écris.
*Exemple J'aime quand il fait chaud.
Je n'aime pas quand il y a du vent.*

Expressions-clés

Il fait quel temps?

Il fait beau:
1 il fait chaud

2 il y a du soleil

Il ne fait pas beau:
3 il fait froid

4 il fait gris

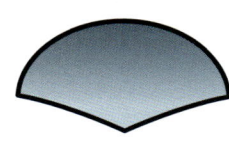

5 il y a du vent

6 il y a du brouillard

7 il y a de l'orage

8 il pleut

9 il neige

10 il gèle

lundi 10 juin

jeudi 7 novembre

4 📼 Écoute la météo à la radio.
C'est quel jour?

5a 📼 Réécoute et prends des notes.
Exemple beau, soleil, …

b Explique la météo d'aujourd'hui. Adapte tes notes!
Exemple *Aujourd'hui à Chester, il fait beau …*

6 Mini-exposé. Choisis un sujet:

a Le temps dans ta région.

Au printemps, …

b Quand il fait beau, moi, je …

Guide pratique

Pour faire un mini-exposé:
– trouve des idées sur le sujet
– prépare des notes
– écris des mots-clés
– écris un texte
– parle avec le texte ou juste avec les mots-clés.

Voici un exemple de mini-exposé:

Sujet: Quand il pleut, moi, je …
Mots-clés: je ne sors pas
bandes dessinées
télé
jeux vidéo

Quand il pleut, moi, je ne sors pas. Je lis des bandes dessinées, je regarde la télé ou je fais des jeux vidéo avec mon frère.

Voyage au Burkina Faso

You will learn how to ...

✓ describe how people live and what they do: *Ils habitent dans des villages. Sa mère et sa sœur font les repas.*

✓ read and understand about a different culture: *Quand il ne pleut pas, les Burkinabés ont faim.*

Au Burkina Faso, il y a 10 millions d'habitants. Ils s'appellent les Burkinabés. Ils parlent français et des langues africaines. Comment vivent les Burkinabés? Voici Amina et sa famille.

En général, les femmes et les filles font les repas. Elles font aussi les vêtements. Les deux frères d'Amina travaillent dans les champs ou ils vont en ville.
(15% des 12–17 ans vont à l'école. Pas d'école entre une heure et quatre heures et demie, il fait trop chaud!)

Amina et sa famille habitent dans un village à côté de Ouagadougou. Amina, sa mère et ses sœurs dorment au rez-de-chaussée de la case. Son père et ses deux grands frères sont au premier étage.

Les Burkinabés mangent du manioc, du mil, du riz et des repas africains: le couscous ou le foutou. Ils boivent de l'eau et du lait. Quand il ne pleut pas, c'est catastrophique: ils ont faim et ils ont soif.

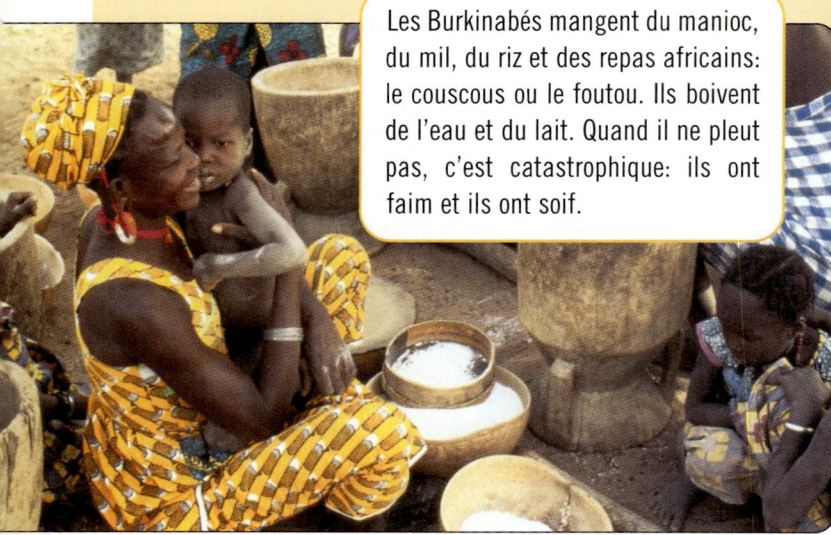

Le soir, les villageois chantent, dansent et jouent du tambour. Ils adorent la musique! Le samedi soir, les jeunes prennent le bus ou le taxi et ils vont en boîte à Ouagadougou.

1a 🔲 Lis et écoute le reportage.

b Donne un titre à chaque paragraphe.

les passe-temps   la maison
les repas   le travail

2 👥 Un groupe prépare des phrases. Les autres groupes disent *vrai* ou *faux*.

> Au Burkina Faso, il y a un million d'habitants.

> Faux! Il y a 10 millions d'habitants.

> Ils s'appellent les Burkinabés.

> Vrai!

ZOOM sur... *les verbes avec ils/elles*

 il   ils

 elle   elles

Attention!

 ils

3 Dans le texte, trouve et écris la forme avec *ils/elles* des verbes suivants:

*s'appeler   parler   habiter   travailler
manger   chanter   danser   jouer*

4 Quelle est la terminaison typique des verbes avec *ils/elles*? (Vérifie page 146.)

5 Attention! Relie ces verbes irréguliers à la bonne forme avec *ils/elles*.
Apprends par cœur!

être   ils/elles vont
avoir   ils/elles font
aller   ils/elles ont
faire   ils/elles sont

146

6 De mémoire, écris 5 phrases sur Amina et sa famille.
Commence: *Ils habitent dans un village.*

En plus ...

Fais 5 phrases sur les Français! Écris ou enregistre.
Exemples *Les Français aiment les animaux. Ils ont beaucoup de chiens et de chats.*

Ça se dit comme ça!

7 🔲 Écoute la prononciation:

Ils parlent français.   *Il parle français.*
Il y a une différence?

Guide pratique

> Je ne trouve pas "travaillent"!

Tu veux chercher un verbe dans le dictionnaire?
Trouve d'abord *l'infinitif.* En anglais, c'est la forme avec "to …" exemple: "to work".

travaillent   =   travaill**er**
dorment   =   dorm**ir**
prennent   =   prend**re**

8 Quelles sont les trois formes de l'infinitif?

-er   -es   -ir   -ez   -re   -ent
(Vérifie page 145.)

9 Trouve l'infinitif de ces verbes dans le dictionnaire!

sortent   boivent   vivent

Il est quelle heure?

You will learn how to …

✓ ask what time it is: *Il est quelle heure ?*

✓ say and understand the time: *Il est midi. Il est deux heures moins le quart.*

✓ say at what time you do things: *Ils sont debout à 8 heures.*

La journée de Minoungo et Fatou

Voici la journée de Minoungo et de sa sœur Fatou. Ils ont 13 ans.
Ils sont jumeaux. Ils habitent à Moaga, un village du Burkina Faso.

1 Il est six heures et quart.
Ils sont debout. Il y a du soleil et
il fait déjà chaud!

2 Il est six heures et demie.
Ils prennent le petit déjeuner:
des galettes de mil et un bol de
lait frais.

3 Il est sept heures moins le
quart. Ils partent pour l'école.
Ils prennent le bus.

4 Il est huit heures moins le
quart. Ils arrivent à l'école et
retrouvent les copains des autres
villages.

5 Il est onze heures dix. Ils sont
en cours de français.

6 Il est une heure et demie.
Ils déjeunent: du couscous et des
fruits.

7 Il est trois heures vingt. Ils
jouent du tambour dans la cour.

8 Il est neuf heures moins vingt-
cinq. Ils mangent et ils écoutent
des histoires.

9 Il est neuf heures moins cinq.
Ils vont au lit.

1 🔊 Écoute et lis. Trouve la pendule pour chaque description.
Exemple 1 – g

a   b   c   d   e

f   g   h   i

2 👥 Retrouve la bonne pendule.

Il est quelle heure? **A**

Il est huit heures moins le quart. **B**

C'est la pendule d. **A**

Expressions-clés

Il est quelle heure?
Il est … midi.
       une heure/deux heures

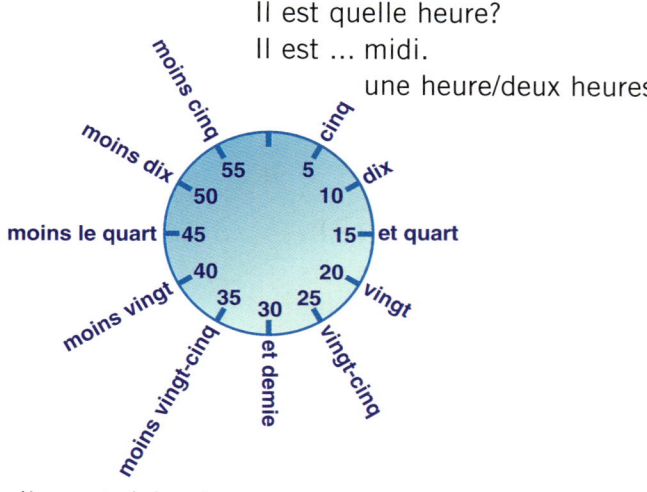

moins cinq — 55
moins dix — 50
moins le quart — 45
moins vingt — 40
moins vingt-cinq — 35
et demie — 30
cinq — 5
dix — 10
et quart — 15
vingt — 20
vingt-cinq — 25

ils sont debout
ils prennent le petit déjeuner
ils partent pour l'école
ils arrivent à l'école
ils retrouvent les copains
ils sont en cours de français
ils déjeunent
ils jouent du tambour
ils mangent
ils écoutent des histoires
ils vont au lit

3a Réponds.
Qu'est-ce que Minoungo et Fatou font à:
– 11 h 10; 6 h 15; 6 h 45; 7 h 45; 6 h 30 (du matin)
– 1 h 30; 3 h 20 (de l'après-midi)
– 8 h 55; 8 h 35 (du soir)

3b 👥

Qu'est-ce qu'ils font à une heure et demie? **A**

Ils déjeunent. Et à onze heures dix? **B**

Ils sont en cours de français. Et à neuf heures moins cinq? **A**

Rappel

à + heure
Qu'est-ce que tu fais **à** neuf heures?
À neuf heures, je vais au lit.

Ça se dit comme ça!

on, en, in
Pour bien dire les sons *on, en, in*, parle du nez!

on on on en en en in in in

4 🔊 Écoute et répète le son *on*.
mon   ton   son   font   sont   vont

5 🔊 Écoute et répète le son *en*.
en   champs   dans   sans   temps   vent

6 🔊 Écoute et répète le son *in*.
bain   faim   main   pain   vin

7 🔊 À toi! Écoute pour vérifier.
un bon pain blanc
Tante Constance et oncle Quentin ont
*   quinze enfants.*

Tour du monde des inventions

You will learn how to ...

✓ say what nationality someone or something is: *il est américain, elle est française, ils sont chinois, elles sont indiennes*

1a Fais le jeu-test.

b 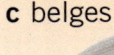 Écoute pour vérifier tes réponses.

Connais-tu la nationalité des inventions?

1 Les jeux vidéo (1971) sont
a américains
b japonais
c suisses

2 Les legos (1942) sont des jouets
a allemands
b espagnols
c danois

3 Les poupées Barbie (1958) sont
a canadiennes
b allemandes
c américaines

4 Les croissants sont
a français
b autrichiens
c belges

5 Le premier ketchup est
a américain
b chinois
c français

6 Les premières barres de chocolat (1819) sont
a françaises
b suisses
c belges

7 L'Orangina (1936) est une boisson
a française
b espagnole
c américaine

8 Les premières brosses à dents (15ème siècle) sont
a japonaises
b indiennes
c chinoises

En plus ...

Fais une liste des pays et des nationalités.

Le Japon	japonais/japonaise

ZOOM sur... les adjectifs au pluriel

américain   américaine
américains   américaines

2 Pourquoi quatre formes pour un adjectif? Recopie et complète.

le masculin singulier: *américain*
le féminin singulier: ......
le masculin pluriel: ......
le féminin pluriel: ......

3 Fais des phrases.
Exemple allemand – *Il est allemand.*
Elle est allemande. Ils sont allemands.
Elles sont allemandes.
espagnol   indien   australien
canadien   autrichien

• Attention! Quand l'adjectif se termine en *-e*, il ne change pas au féminin.
Il est **belge** (masculin)   Elle est **belge** (féminin)
Il est **suisse** (masculin)   Elle est **suisse** (féminin)

• Attention! Quand l'adjectif se termine en *-s*, il ne change pas au masculin pluriel.
Il est dan**ois** (masculin singulier)
Ils sont dan**ois** (masculin pluriel)
Il est japon**ais** (masculin singulier)
Ils sont japon**ais** (masculin pluriel)

4 Dans le jeu-test, trouve un adjectif comme *danois* et un comme *japonais*.

141

Charlie le chat

Tu sais … ?

✓ parler des pays et des nationalités	la France, le Québec, les États-Unis Je voudrais bien aller en Suisse/au Canada/aux Antilles. américain(e), français(e), chinois(e), indien/indienne
✓ demander et dire quel temps il fait	Il fait quel temps? Il fait beau. Il y a du soleil. Il pleut.
✓ découvrir et décrire une autre culture	Quand il ne pleut pas, les Burkinabés ont faim. Ils habitent dans un village. Elles font les repas.
✓ demander et dire l'heure	Il est quelle heure? Il est une heure moins le quart/ et quart/et demie.
✓ décrire les activités quotidiennes	Ils prennent le petit déjeuner, ils partent pour l'école, ils prennent le bus, ils arrivent à l'école …

Et en grammaire … ?

✓ en/au/aux + pays	au Québec, en France, aux Antilles
✓ ils/elles + verbe	ils/elles aiment, ils/elles sont
✓ l'infinitif	aimer, dormir, prendre
✓ le pluriel des adjectifs	américains, américaines

🗣 *En équipe*

Bon voyage!

Joue au jeu du tour du monde. Le premier sur la case ARRIVÉE gagne!

1 Prépare le tableau (carton A3) :

– dessine un globe
– dessine 35 cases sur le globe.

2 Prépare les cases:

- 1 grande case (ton pays)
  Écris: Départ/Arrivée

- 12 cases PAYS
  Choisis et écris les noms, par exemple:
  la France, le Canada, les États-Unis, …

- 6 cases BEAU TEMPS
  Dessine et écris, par exemple:

- 8 cases MAUVAIS TEMPS
  Dessine et écris, par exemple:

- 8 cases HEURE
  Dessine des pendules à des
  heures différentes, par exemple:

Les règles du jeu:

- Lance le dé

- Avance ton jeton

- Tu es sur:
  – une case BEAU TEMPS.
    Dis: (Exemple) *Il y a du soleil.*
    et avance de 2 cases.
  – une case MAUVAIS TEMPS. Dis:
    (Exemple) *Il fait froid.*
    et avance d'une case.
  – une case PAYS. Dis:
    (Exemple) *Je vais en France.*
  – une case HEURE.
    Dis: (Exemple) *Il est huit heures.*
  Si tu ne dis pas bien: recule d'une case.

🗣 Exemple du jeu

A lance le dé et arrive sur une case PAYS.

Tu vas où? **B**   *Je vais au Canada.* **A**

B lance le dé et arrive sur une case BEAU TEMPS.

Il fait quel temps? **A**   *Il fait beau, il y a du soleil.* **B**

A lance le dé et tombe sur une case HEURE.

Il est quelle heure? **B**   *Il est dix heures onze.* **A**   *Non! Il est onze heures dix! Recule d'une case!* **B**

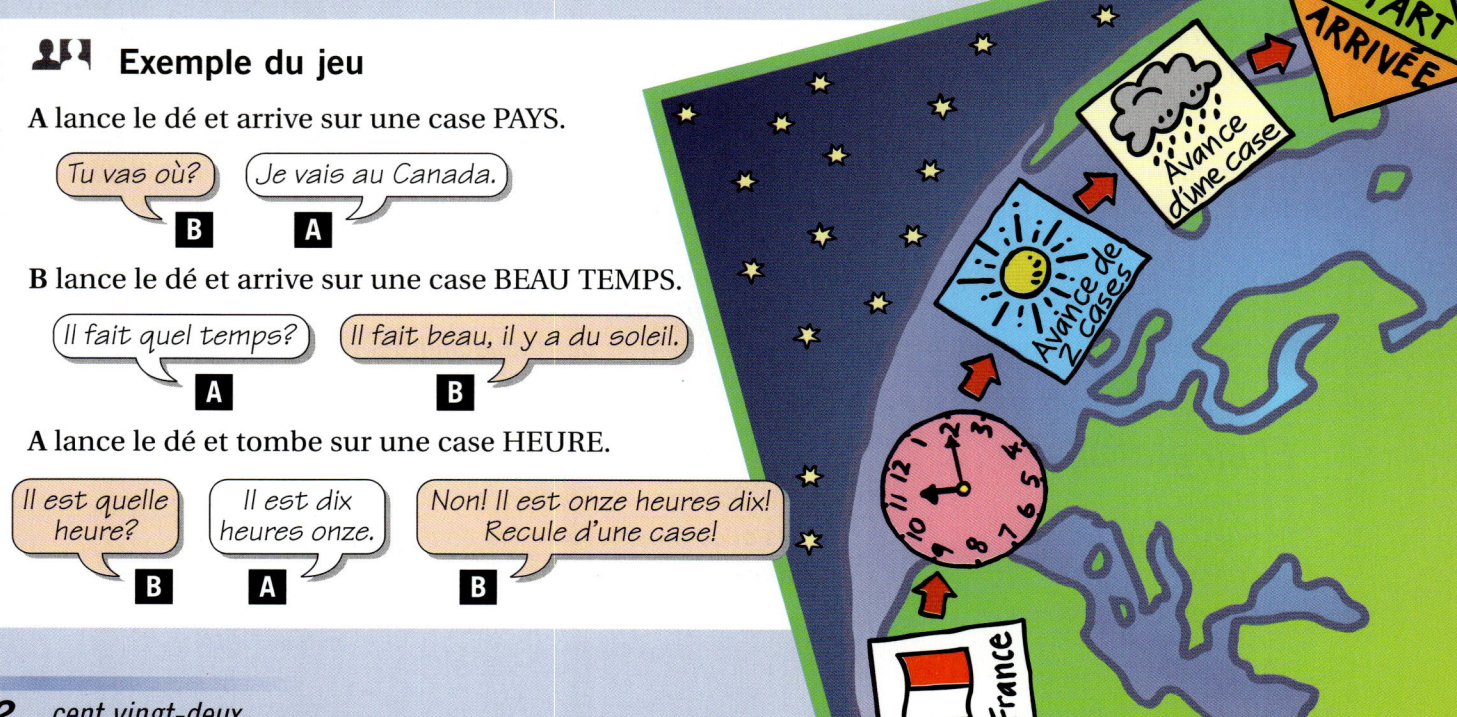

Équipe-Magazine

📼 On chante!

Mon pays!

Dans mon pays,
Mon coin du monde à moi,
Il ne fait jamais gris,
Il ne fait jamais froid.

Dans mon pays,
Mon univers à moi,
Le ciel est un ami,
Le soleil est un roi.

Mon pays, mon pays, c'est la Tunisie,
Tunisie, Tunisie, tu es loin de moi!

Dans mon pays,
Dans les petits villages,
J'ai partout des amis,
Des copains de mon âge.

Dans mon pays,
À Tunis ou à Sousse,
Je retrouve ma famille
Pour manger le couscous.

Ma famille, mes amis sont en Tunisie,
Tunisiens, Tunisiennes, vous êtes si loin!

La Tunisie,
Mon coin, mon univers,
Elle est très loin d'ici
De l'autre côté de la mer.

Les Tunisiens,
Mon père, ma mère, mes frères,
Mes amis sont très loin
De l'autre côté de l'hiver.

Mon pays, mon pays, c'est la Tunisie,
Et c'est loin, c'est très loin, si loin de Paris.

Vive le français!

Il y a plus de 6 000 langues dans le monde. Les langues les plus parlées sont le chinois, l'anglais, le hindi, l'espagnol, le russe. Le français arrive en 11ème position. 124 millions de personnes parlent français dans 47 pays du monde.

Révisions **Unités 7, 8, 9**

*Regarde les sections "Tu sais … ?"
pages 97, 109 et 121.*

Ça ne va pas!

1 Lis la lettre. Choisis la bonne réponse.

1 Karima a quels symptômes?

a
b

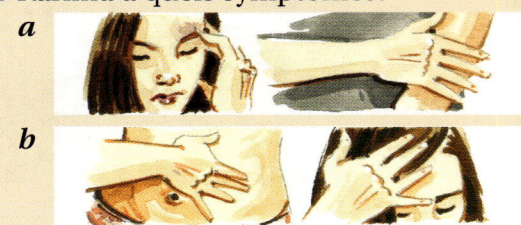

2 Elle va chez le docteur à quelle heure?
  a 5 h 30
  b 5 h 15

3 Karima va où avec sa mère le week-end?

a
b

4 Qu'est-ce qu'elle aime au port?

a
b

5 Karima voudrait aller dans quel pays?

a
b

6 Il fait quel temps à Marseille?

a
b

Message

Salut! Ici Karima à Marseille.
Aujourd'hui, ça ne va pas. Oh là là, ma tête et mon ventre! J'ai très mal à la tête et très mal au ventre. Je ne vais pas au collège aujourd'hui. Je vais chez le docteur à cinq heures et demie.
Demain, c'est le week-end! Qu'est-ce que tu fais le week-end? Le week-end, ici à Marseille, on va au marché et je fais les courses avec ma mère. J'aime ça – ma mère est très sympa! On va aussi sur le port – mon frère, Rachid, adore la pêche. Moi, j'aime bien regarder les bateaux qui vont en Australie, en Afrique, aux États-Unis … je voudrais bien aller aux États-Unis! Dimanche matin, je fais mes devoirs.
À Marseille, on peut faire beaucoup de sports. Moi, j'aime la natation. Mon père adore le football. Il y a une équipe de football très célèbre à Marseille et il va souvent au match.
Aujourd'hui, à Marseille, il fait beau. Il y a du soleil et il fait chaud. J'aime quand il y a du soleil, mais … ma tête! mon ventre! J'ai envie de dormir. Je vais au lit! Au revoir!

2 📼 Cinq personnes téléphonent au docteur. Recopie la grille et complète.

	symptômes	*rendez-vous*
1	*chaud, tête, envie de vomir*	*4 h 30*

Club Vacances

Dieppe
Activités pour tout le monde!

a

b

c

d

e

f

g

h

i

j

3 Qu'est-ce que les jeunes font au Club Vacances? Écris des phrases.
Exemple Les jeunes font du football.

vont

font

regardent

lisent

de la natation / pêche
du ski nautique / football / tennis
au café / club des jeunes / musée

4  Écoute Laurence, Patrick, Charlotte et Pierre. Relie les jeunes aux activités.
Exemple Laurence – a, …

En plus …

Note toutes les activités pour chaque personne.
Exemple Laurence – télé, pêche, BD

Qui est …
a sportif?   **b** sociable?
c calme?   **d** cultivé?

5 👥 Interviewe ton/ta partenaire.

Qu'est-ce que tu fais le week-end? **A**

Je fais de la natation, je … **B**

Les pages "en plus"

1a Mets la conversation dans l'ordre.

Arnaud → *commence ici*

a Salut!
b Non, je n'ai pas d'animal.
c Tu t'appelles comment?
d J'ai douze ans. Et toi?
e Tu as un animal chez toi, Luc?
f Moi, je m'appelle Arnaud.

Luc

g Tu as quel âge, Arnaud?
h Je m'appelle Luc. Et toi?
i Salut!
j Oui, j'ai un chien. Et toi?
k Moi, j'ai onze ans.

b 🔊 Écoute la conversation pour vérifier.

c 👥 À deux, lisez la conversation.

2a Recopie et complète la fiche de Fatira.

> **Nom**: ....
> **Âge**: ....
> **Adresse**: ....
> ....
> **Anniversaire**: ...
> **Frères/sœurs**: ...
> **Animaux**: ....

> Bonjour! Je m'appelle Fatira Belamri. J'ai treize ans. Mon anniversaire est le 2 novembre. J'habite 17, avenue Léon-Joulin à Toulouse. J'ai un frère et trois sœurs. J'ai un chien.

Nom: Romain Allouche
Âge: 11 ans
Adresse: 9, rue Giraud, Metz
Anniversaire: 20/7
Frères/sœurs: 1 sœur
Animaux: 2 hamsters

Nom: Morgane Dubois
Âge: 14 ans
Adresse: 31, place Sainte-Marie, Bayonne
Anniversaire: 25/6
Frères/sœurs: 1 frère
Animaux: 3 perruches

Nom: Mickaël Laffitte
Âge: 12 ans
Adresse: 29, rue de Bruxelles, Lille
Anniversaire: 16/5
Frères/sœurs: X
Animaux: 1 chat, 2 poissons exotiques

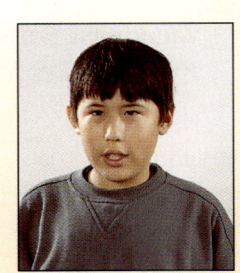

2b Lis les fiches. Écris le message de Romain, Morgane et Mickaël.

c Fais ta fiche et écris ton message.

En plus ... unité 2

1 🔊 Devine la matière préférée de Nathalie, Jasmine, Antoine et Martin. Écoute pour vérifier.

Nathalie

Antoine

Martin

Jasmine

2a 👥 Sondage. Demande à 10 copains.

Ma matière préférée, c'est le sport. Et toi? **A**

Ma matière préférée, c'est le français. **B**

Sondage – matière préférée

b Donne aussi ton opinion.

Ma matière préférée, c'est le français. C'est super!

Elodie   Patrick

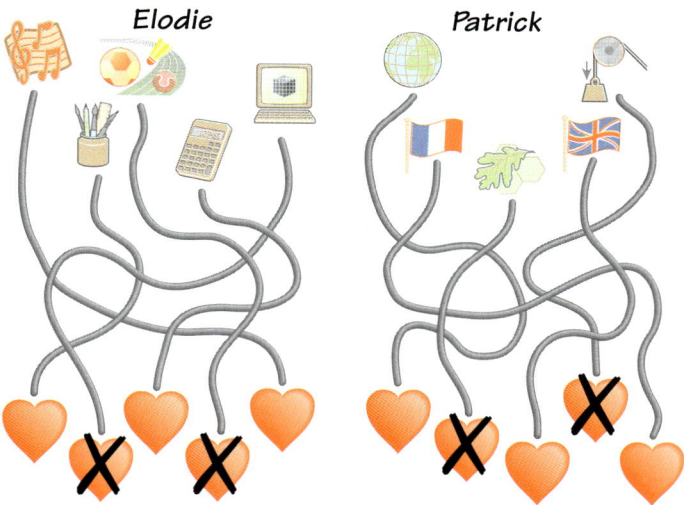

3 Écris un texte pour Élodie et Patrick. Invente des opinions.
Exemple *Élodie aime le dessin. C'est super. Elle n'aime pas …*

4 Réponds à cette lettre.

Mon collège, c'est le collège Victor-Hugo à Cachan. J'aime le collège. C'est intéressant. Et toi? Tu aimes le collège?

En général dans mon sac, j'ai des cahiers, des classeurs, des livres, une trousse et un dictionnaire. Le lundi, j'ai aussi mes vêtements de sport et mes tennis. Et toi? Tu as aussi EPS le lundi?

Au collège, ma matière préférée, c'est l'informatique. C'est génial. J'aime aussi le sport. C'est fatigant, mais amusant. Mon prof de sport est très sympa et toujours de bonne humeur. Quelle est ta matière préférée? Qu'est-ce que tu aimes au collège?

Je déteste l'allemand. C'est difficile. Je ne comprends pas le prof. Qu'est-ce que tu n'aimes pas? Pourquoi? Écris-moi vite.

Amitiés, Fabienne

En plus ... unité 3

1 👥 Devine les activitiés de ton/ta partenaire le week-end. Qui gagne?

> Qu'est-ce que tu fais le week-end?
> Tu regardes des vidéos?
>
> **A**

> Oui, je regarde des vidéos. Un point pour toi!
>
> **B**

> Qu'est-ce que tu fais le week-end?
> Tu vas au cinéma?
>
> **B**

> Non, je ne vais pas au cinéma. Un point pour moi!
>
> **A**

•••••••• ••••• •••••••••• ••••••••

Rappel

je fais   je vais
tu fais   tu vas

Rappel

je regarde   tu regardes
La prononciation ne change pas!

2a Lis le message sur le courrier électronique. Réponds aux questions.
Exemple 1 – Oui, je fais du judo.

b Pose cinq questions à Isabelle sur d'autres passe-temps.

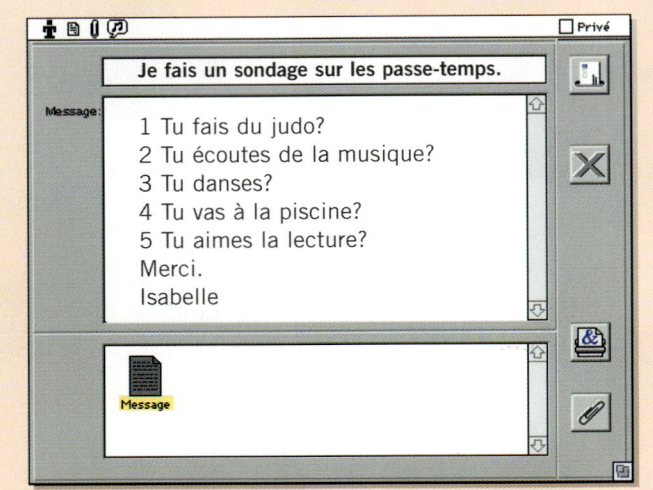

☐ Privé

Message:

Je fais un sondage sur les passe-temps.

1 Tu fais du judo?
2 Tu écoutes de la musique?
3 Tu danses?
4 Tu vas à la piscine?
5 Tu aimes la lecture?
Merci.
Isabelle

Message

3 Lis l'article sur les passe-temps et réponds.
Exemples

①

J'aime la natation. C'est génial!
Le week-end, je vais à la piscine avec Tracy.

②

Je n'aime pas l'informatique au collège, mais j'aime les jeux vidéo au club des jeunes. C'est super!

PASSE-TEMPS: GRAND SONDAGE

Chers lecteurs, chères lectrices,
Nous faisons un grand sondage parmi les jeunes. Le sujet, c'est les passe-temps. Écrivez-nous avec vos opinions!

Tu aimes le sport? Quel est ton sport préféré?

Quel est ton passe-temps préféré? Pourquoi?

Tu vas au club des jeunes? Qu'est-ce que tu y fais?

Tu vas où le week-end? Qu'est-ce que tu en penses?

Lisez les résultats dans le prochain numéro de ce magazine. Merci d'avance! Nous attendons vos lettres!

La rédaction

En plus ... unité 4

1a 🔊 Écoute l'interview avec Stéphanie. Réponds aux questions.

   a Stéphanie a quel âge?
   b Elle habite à Dieppe?
   c Elle a des frères?
   d Elle a des sœurs?
   e Qu'est-ce qu'elle aime faire le week-end?
   f Elle est comment? (personnalité)
   g Elle est petite?
   h Elle est mince?
   i Comment sont ses cheveux?

1b Tu vas interviewer ton/ta partenaire. Prépare neuf questions.
(Adapte les questions de l'activité 1a.)
Exemple âge – *Tu as quel âge?*

frères/sœurs
cheveux
grand(e)/petit(e)
habite
gros(se)/mince
âge
aime
personnalité

1c 👥 Ton/Ta partenaire joue le rôle d'une personne célèbre. Laquelle? Pose les neuf questions et trouve son identité.

1d Écris une description de la personne-mystère en dix phrases.
Exemple Elle s'appelle Kelly. Elle a treize ans …

2 Relie les descriptions aux dessins.

a
Ma sœur s'appelle Catherine. Elle a douze ans. Elle est grande et assez grosse. Elle est sympa et très jolie. Elle est brune et elle a les cheveux longs et frisés. Elle aime la musique et la danse.

b
J'ai une cousine. Elle s'appelle Anne-Sophie. Elle a quatorze ans. Elle a les cheveux longs et raides et elle est blonde. Elle porte des lunettes. Elle est petite et assez mince. Elle adore les animaux et elle aime jouer de la guitare. Elle est marrante et un peu timide.

3 Écris une description de Christophe et de Coralie.

4 Écris une description d'un(e) ami(e).

c
Mon frère a treize ans. Il s'appelle Yannick. Il est grand et très mince. Il est blond et il a les cheveux courts et raides. Il aime regarder la télévision. Il est très paresseux.

d
Mon cousin s'appelle Jean-Noël. Il a douze ans. Il a les cheveux courts et frisés et il est brun. Il est assez petit et assez gros. Il est très sportif. Il joue au rugby, au foot et au tennis. Il est très sympa.

En plus ... unité 5

1a Lis la lettre. Quelle est la chambre d'Olivier?

> Ma chambre est petite (très petite!), mais confortable. Dans ma chambre, j'ai un lit, une armoire et une étagère. J'ai aussi une radio. Je n'ai pas de bureau et je fais mes devoirs dans la cuisine. Dans ma chambre, je lis, j'écoute de la musique et je dors! Et toi? Ta chambre est comment? Qu'est-ce que tu fais dans ta chambre?
>
> Olivier

1b Écris une réponse à Olivier.

2a  Philippe décrit sa nouvelle maison. Écoute et prends des notes.

b Dessine la maison de Philippe. Compare ton dessin avec le dessin d'un(e) partenaire.

c A Imagine que tu es Philippe. Décris ta maison.
B Écoute bien. La description est bonne?

3a Choisis des verbes pour chaque conversation.

a
> Tu ...... du basket dans ta chambre?
> Non, mais je ...... du vélo!

b
> Tu ...... tes devoirs dans ta chambre?
> Oui, et j'...... de la musique.

c
> Tu ...... le dessin?
> Oui, c'est ma matière préférée.
> Je ...... aussi souvent chez moi.

d
> Qu'est-ce que tu ...... dans ta chambre?
> Je ......, je ...... des bonbons, je ...... la télévision et je ......!

fais   écoute   mange   regarde   fais   dors   fais   lis   fais   dessine   aimes

3b Invente encore deux conversations.

En plus ... unité 6

On fait la fête!

en janvier

Le jour des Rois

Le jour des Rois, c'est 12 jours après Noël. On mange un gâteau: la galette des rois. Dans la galette, il y a une fève. Si on a la fève, on est roi (ou reine) et on met la couronne.

en mars/avril

Pâques

On décore des œufs de toutes les couleurs. On mange des œufs en chocolat. Pour les enfants, on cache les œufs dans le jardin.

en février

La Chandeleur *ou* Mardi gras

En France, on fait des crêpes avec des œufs, de la farine et du lait. On fait sauter les crêpes. Pour Mardi gras, on met des masques pour le Carnaval.

en été

Il fait beau! On mange en plein air. On fait des barbecues et des pique-niques. On mange des glaces.

L'Aïd

L'Aïd, c'est le dernier jour du Ramadan. On mange une datte et on boit un verre d'eau ou de lait. Après, on mange de la chorba (une soupe), du couscous et beaucoup de petits gâteaux.

en décembre

Noël

Le 25 décembre, on fête la naissance de Jésus. On mange des huîtres, de la dinde et une belle bûche de Noël.

1 Regarde les images et lis les textes.

2 Réponds aux questions.

- **a** Qu'est-ce qu'on mange le jour des Rois?
- **b** Qu'est-ce qu'il y a dans la galette?
- **c** Que porte le roi ou la reine?
- **d** Qu'est-ce qu'on mange pour Mardi gras?
- **e** On fait des crêpes avec quoi?
- **f** L'Aïd, c'est quel jour?
- **g** Qu'est-ce qu'on mange à Pâques?
- **h** On cache les œufs où?
- **i** Noël, c'est quel jour?
- **j** Qu'est-ce qu'on mange à Noël en France?

3 🔊 Écoute. Ils parlent de quelle fête? Note le nom de la fête.

4 👥 Avec un(e) partenaire, parlez des fêtes de votre pays.

> Qu'est-ce que tu manges pour Mardi gras/à Pâques/à Noël?
>
> **A**

> Je mange ... Je bois ...
>
> **B**

En plus ... unité 7

1 🔊 Écoute Nathalie et Jasmine chez le docteur. Recopie et complète les conversations.

> **Docteur:** Bonjour, Nathalie.
> **Nathalie**: Bonjour, docteur.
> **Docteur:** Alors, ça ne va pas?
> **Nathalie:** Non, ça ne va pas.
> **Docteur:** Tu as mal à la gorge?
> **Nathalie:** Oui, j'ai ......
> **Docteur:** Tu as chaud?
> **Nathalie:** J'ai ...... et ..... , ça dépend.
> **Docteur:** Tu as soif?
> **Nathalie:** Oui, j'ai ...... Et puis, j'ai ......

> **Docteur:** Bonjour, Jasmine.
> **Jasmine:** Bonjour, docteur.
> **Docteur:** Alors, ça ne va pas?
> **Jasmine:** Non, ça ne va pas.
> **Docteur:** Tu as mal à la gorge?
> **Jasmine:** Non, non, j'ai ......
> **Docteur:** Tu as faim?
> **Jasmine:** Ah non, je ....., non, non.
> **Docteur:** Tu as envie de vomir?
> **Jasmine:** Oui, j'ai ......
> **Docteur:** Hum ... tu manges beaucoup de chocolats?
> **Jasmine:** Euh oui!

2 Lis les notes du docteur. Quelles notes sont à Nathalie, et quelles notes sont à Jasmine?

1 Nom:	2 Nom:
Symptômes	**Symptômes**
mal au ventre	mal à la gorge
pas faim	chaud et froid
envie de vomir	très soif
mange des chocolats	envie de dormir

3a Relis les notes. Devine les conseils du docteur pour Nathalie et pour Jasmine dans la liste.

- **a** prends de l'aspirine
- **b** va au lit
- **c** bois des boissons chaudes
- **d** bois de l'eau minérale
- **e** mange de la soupe
- **f** ne mange pas de bonbons ou de chocolat

3b 🔊 Écoute pour vérifier.

4 👥 Chez le docteur
A est le malade (choisis tes symptômes!).
B est le docteur: pose des questions, prends des notes et donne des conseils appropriés.
Exemple

B: Bonjour, qu'est-ce qui ne va pas?
A: Bonjour docteur. J'ai mal à la gorge et j'ai mal au ventre.
B: Tu as envie de vomir?
A: Non, mais je n'ai pas faim.
B: Va au lit et bois des boissons chaudes.

5a Révise les noms d'aliments de l'unité 6. Fais deux listes:
– ce que tu manges souvent
– ce que tu ne manges pas souvent.

b Lis l'article de Santé-Junior, page 133. Est-ce que tu manges bien?

6a Donne des conseils pour le déjeuner et le dîner. Écris ou enregistre.
Exemple Le midi, mange des légumes, de la viande ... Ne bois pas de boissons gazeuses. Bois de l'eau ...

b 👥 Discute avec ton/ta partenaire.

> À midi, mange des légumes.

> Oui, je suis d'accord. C'est bon pour la santé.

Santé-Junior

Des idées pour la santé!

Matin, midi et soir, choisis un aliment de chaque groupe.

Groupe 1: la viande, le poisson, les œufs

Groupe 2: les fruits et les légumes verts

Groupe 3: les laitages et le fromage

Groupe 4: les céréales et les légumes secs

Un petit déjeuner-santé

- Bois un jus de fruit (orange, pamplemousse) ou mange un fruit (pomme, kiwi).
- Mange un œuf, du poulet ou du jambon avec un morceau de pain.
- Mange des céréales avec du lait ou du yaourt.
- Bois du lait ou du chocolat chaud.

4 heures: un goûter tonique!

- Ne bois pas de boissons sucrées gazeuses (coca, limonade, Fanta); bois une boisson au lait ou un jus de fruit.
- Ne mange pas de biscuits ou de gâteaux.
- Mange une tartine et une salade de fruits.

En plus ... unité 8

Qu'est-ce que vous faites le week-end?

Salut! Je m'appelle Laurence Thibeault. J'ai 15 ans. J'habite à Rimouski, au Québec.

Le samedi matin, j'ai un cours de guitare. J'aime beaucoup la musique. Le samedi après-midi, je fais du hockey sur glace. Je ne suis pas très très bonne mais j'adore ça! Après, je vais au café avec ma copine Alicia et on retrouve des copains. C'est sympa. Le samedi soir, je sors avec François, mon chum*. On va en boîte, c'est super!

Le dimanche matin, je vais à la messe avec mes parents. Je n'aime pas beaucoup ça! En général, le dimanche après-midi, avec mes parents et mes deux petits frères, on va au restaurant, on fait une promenade ou bien on va voir mon grand-père. Il est super! Le dimanche soir, je fais mes devoirs et je regarde un peu la télé. Voilà, j'aime bien mes week-ends. Et toi?

* chum: petit ami, en québécois

Bonjour à tous!

Je m'appelle Frédéric Nayakena. J'ai 15 ans et j'habite à Dakar, la capitale du Sénégal.

Le samedi matin, j'ai cours au collège. L'après-midi, je retrouve mes copains: on fait du foot à la plage. Le samedi soir, je fais le jardinage et le bricolage pour ma mère. Après 6 heures, je sors. Avec les copains, on fait des promenades ou on va en boîte. Il y a des boîtes sympa à Dakar, comme Keur Samba.

Le dimanche matin, je travaille avec mon oncle Moussa au marché Kermel, à côté de la grande poste. Je vends des souvenirs aux touristes. Ce n'est pas très intéressant, mais je gagne un peu d'argent. Le dimanche après-midi, le marché est fermé, alors je vais à la pêche avec Moussa. C'est sympa. Le dimanche soir, je lis des BD dans ma chambre et j'écris à ma correspondante française.

1a Lis les deux textes. Relie les dessins à la bonne personne, Laurence ou Frédéric.

b Écris les activités.
Exemple 1 – Laurence a un cours de guitare.

2 Interview. Lis les réponses de Laurence et Frédéric. Relie les questions aux réponses.

1 Je vais au collège.
2 J'habite à Rimouski, au Québec.
3 Je m'appelle Frédéric Nayakena.
4 C'est à côté de la poste.
5 Je vais à l'église avec mes parents.
6 Non, je n'aime pas beaucoup ça!
7 Oui, il y a des boîtes sympa à Dakar.
8 J'ai 15 ans.

> **Questions**
>
> **a** Tu t'appelles comment?
> **b** Tu as quel âge?
> **c** Tu habites où?
> **d** Qu'est-ce que tu fais le samedi matin?
> **e** Tu vas où le dimanche matin?
> **f** Tu aimes ça?
> **g** Est-ce qu'il y a des boîtes dans ta ville?
> **h** C'est où, le marché?

3 Interviewe ton/ta partenaire sur son week-end. Adapte les questions de l'activité 2. Enregistre l'interview.

4 Tu as un(e) correspondant(e)? Écris ou enregistre des questions sur son week-end.

5a «Qu'est-ce que votre fille/fils fait le week-end?» Écoute la réponse du père de Laurence et de la mère de Frédéric. Recopie et complète le planning de Laurence et Frédéric.

b Réécoute. Pour chacun, trouve les différences! Écris.
Exemple Le samedi soir, Laurence ne va pas au club des jeunes avec François. Elle va en boîte.

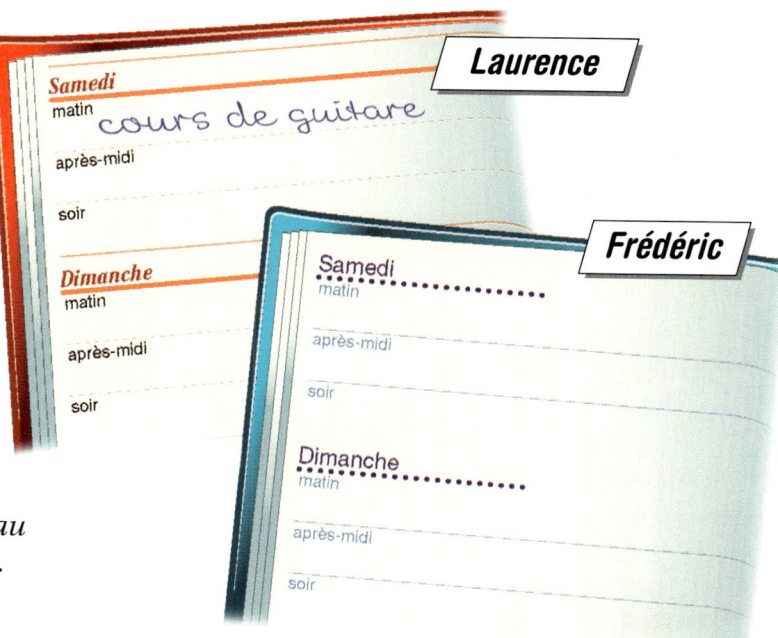

1 Lis les cartes et relie aux photos.

1

Nouméa, le 23 décembre

Salut! Je suis en vacances à Nouméa, en Nouvelle-Calédonie. C'est une île française à côte de l'Australie. Quand c'est l'hiver en France, ici, c'est l'été. C'est génial! Il y a du soleil, il fait beau et chaud. Je vais à la plage et je fais des promenades en mer. On habite chez des cousins. Ils ont une maison en face de la mer. À bientôt!

Patricia

2

Bonjour Stéphanie!
Je passe de super vacances avec mon oncle et ma tante, ici, au Québec. Ils habitent à côte d'un lac. Je vais à la pêche à 5 heures du matin avec mon oncle! C'est fatigant, mais c'est super! Il fait très beau et chaud. Il y a de l'orage le soir. Les gens sont vraiment très sympa ici. Je n'ai pas envie de rentrer en France! Je t'embrasse.

Grégor

3

Chère Mamie,
Je suis en vacances en Angleterre avec l'école. Nous sommes à Portsmouth. Je suis dans une famille anglaise. Ils ne parlent pas français, c'est dur! Nous avons des cours d'anglais le matin et l'après-midi, nous faisons des visites. C'est bien mais il ne fait pas beau. Il pleut, il fait froid et il y a beaucoup de vent! À bientôt!

Manon

4

Bonjour de Genève!
Je suis en classe de neige en Suisse. Il neige tous les jours, c'est super pour le ski! Le matin, il y a du brouillard, alors on ne sort pas ou on va en ville. L'après-midi, il y a du soleil, alors on fait du ski. Moi, j'adore ça! La Suisse, en hiver, c'est génial!

Emmanuel

2a Emmanuel téléphone à un ami, Arnaud. Remets les phrases d'Emmanuel dans l'ordre.

Arnaud

– Allô, oui?
– Bonjour Emmanuel! Tu es où?
– Il fait quel temps?
– Qu'est-ce que tu fais?
– Au revoir, Emmanuel!

Emmanuel

a – Je suis en Suisse, en classe de neige.
b – Je fais du ski et j'adore ça! À bientôt!
c – Arnaud? C'est Emmanuel.
d – Il neige beaucoup. Il y a du brouillard le matin et du soleil l'après-midi.

2b Écoute pour vérifier.

3a A choisit une personne et téléphone à B. Adaptez la conversation de l'activité 2.

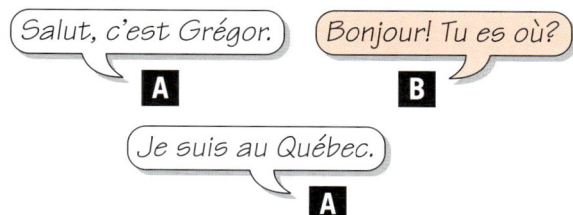

Salut, c'est Grégor. **A**

Bonjour! Tu es où? **B**

Je suis au Québec. **A**

3b Imagine des vacances. Écris une carte ou enregistre un message téléphonique.

4 Lis le poème *La ronde des pays*. Mets les images dans l'ordre du poème.

5 Complète la traduction. Pense aux mots anglais pour deviner les nationalités!

Ring-a-ring-a-countries

Your pizza is Italian
………
You are from all these countries!

> **Guide pratique**
>
> Parfois, le français ressemble à l'anglais. C'est facile à comprendre!
> *Exemple* italien/italienne = Italian

La ronde des pays

Ta pizza est italienne
Ta chemise est indienne
Ta voiture est japonaise
Ta crème est anglaise
Ton couscous est algérien
Ton café est brésilien
Tes vacances sont marocaines
Ta radio est coréenne
Ta montre est suisse
Tes chiffres sont arabes …
Tu es de tous ces pays!

Grammaire

Introduction

All languages have grammatical patterns (sometimes called "rules"). Knowing the patterns of French grammar helps you understand how French works. It means you are in control of the language and can use it to say exactly what you want to say, rather than just learning set phrases.

Here is a summary of the main points of grammar covered in *Équipe 1*, with some activities to check that you have understood and can use the language accurately.

Glossary of terms

noun   *un nom*
a person, animal, place or thing

*Jasmine achète du **pain** au **supermarché**.*

---

singular   *le singulier*
one of something

Le chien mange un biscuit.

---

plural   *le pluriel*
more than one of something

Les filles jouent au football.

---

pronoun   *un pronom*
a short word used instead of
a noun or name

Il mange un biscuit.
Elles jouent au football.

---

verb   *un verbe*
a doing word

On va à la piscine.
Je fais mes devoirs.

---

adjective   *un adjectif*
a word which describes a noun

Ton frère est sympa.
C'est un appartement moderne.

---

preposition   *une préposition*
describes position: where something is

Mon sac est sur mon lit.

---

1 Nouns *les noms*

Nouns are the words we use to name people, animals, places or things. In English, they often have a small word in front of them (*a, the, this, my, his,* etc.).

1.1 Masculine or feminine?

All French nouns are either masculine or feminine. To tell if a noun is masculine or feminine, look at the word in front:

	Masculine words	Feminine words
a or *an*	un	une
the	le	la

For example: **un** café, **le** collège
une sœur, **la** biologie

Important! Every time you learn a new noun, make sure you know whether it is masculine or feminine.

Don't learn	*voyage*	✗
Learn	*un voyage*	✓

A *Un* ou *une?*

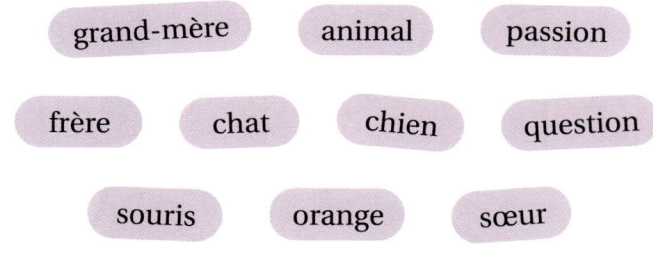

grand-mère · animal · passion

frère · chat · chien · question

souris · orange · sœur

1.2 Singular or plural?

Most French nouns add *-s* to make them plural (when talking about more than one), just as in English:

le pied ➜ *les pied***s**
un chat ➜ *des chat***s**
mon professeur ➜ *mes professeur***s**

Remember that in French the *-s* at the end of the word is not usually pronounced.

Some nouns do not follow this regular pattern. For example:

- nouns ending in *-al* usually change to *-aux:*
  un animal ➜ *des anim***aux**

- nouns already ending in *-s*, *-x* or *-z* usually stay the same:
  le bras ➜ *les bras*
  le prix ➜ *les prix*

- nouns ending in *-eau* or *-eu* add *-x:*
  un château ➜ *des château***x**
  un jeu ➜ *des jeu***x**

- a few nouns change completely:
  un œil ➜ *des* **yeux**

B Trouve les légendes.

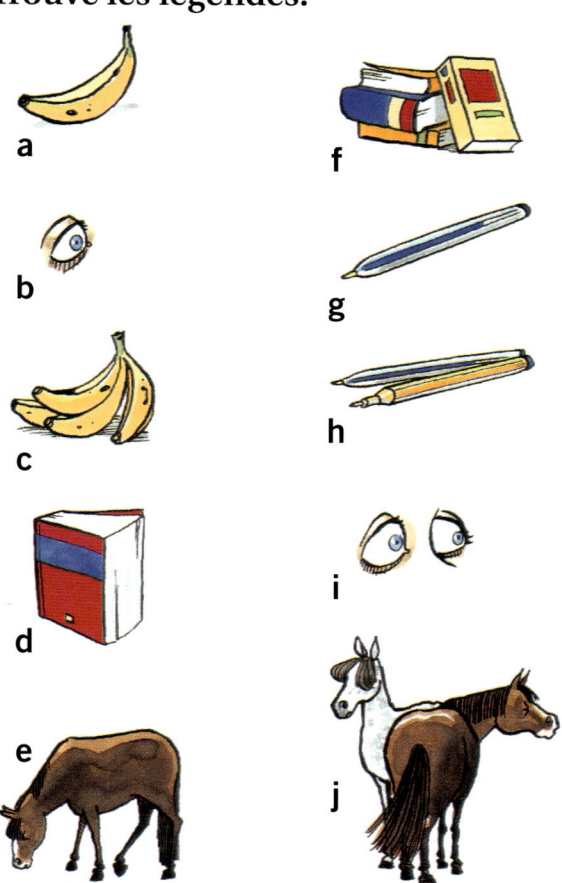

a
b
c
d
e
f
g
h
i
j

un cheval   un œil   des yeux   des bananes
un stylo   un livre   des livres   une banane
des chevaux   des stylos

In front of plural nouns, the words for *a* and *the* change:

un/une ➔ des
le/la ➔ les

For example:

*Nathalie écoute **une** cassette.*
*Nathalie écoute **des** cassettes.*

*Vous achetez **un** magazine?*
*Vous achetez **des** magazines?*

***Le** professeur est sympa.*
***Les** professeurs sont sympa.*

*Levez **la** jambe!*
*Levez **les** jambes!*

	singular	plural
to say *a* or *some* masculine words feminine words	 un une	 des des
to say *the* masculine words feminine words	 le la	 les les

C **Recopie et complète le message avec**
le, la **ou** *les.*

...... magazine est dans ......

cuisine, sur ...... table. ...... livres

sont dans ...... chambre, sous ......

lit. ...... légumes sont dans ......

sac derrière ...... télévision, mais

où sont ...... fruits?

1.3 Some and any

The correct French word to use for *some* or *any* depends on the noun that follows.

	singular	plural
masculine words	du (or de l')	des
feminine words	de la (or de l')	des

For example:

*Je voudrais **du** fromage.* I'd like **some** cheese.
*Achète **de la** confiture.* Buy **some** jam.
*Tu as **des** questions?*   Have you got **any** questions?

[For how to say *any* in a negative sentence, see section 7.1.]

D **Complète le message.**

Il y a du poulet, des

2 Adjectives *les adjectifs*

Adjectives are the words we use to describe nouns.

2.1 Form of adjectives

In English, whatever you are describing, the adjective stays exactly the same:
an *interesting* film, an *interesting* man, an *interesting* girl, *interesting* people, *interesting* books.

In French, the adjective changes to match the word it is describing. Like the noun, it must be either masculine or feminine, singular or plural.

To show this, there are special adjective endings:

	singular	plural
masculine words	add nothing	add -s
feminine words	add -e	add -es

For example:
mon père est petit   *ma mère est petite*
mes frères sont petits   *mes cousines sont petites*

A Choisis la bonne forme de l'adjectif.

a Le chien est [intelligent/intelligente].
b Jasmine est [patient/patiente].
c Mes parents sont [marrant/marrants].
d C'est une conversation [intéressante/intéressantes].
e J'ai un [grand/grands] problème.
f Ma grand-mère est [fatigué/fatiguée].

Some adjectives do not follow this regular pattern. For example:

- adjectives ending in *-eur* or *-eux* usually change to *-euse* in the feminine:
un frère travailleur > une sœur travailleuse
un frère courageux > une sœur courageuse

- adjectives which already end in *-e* don't need to add another one in the feminine (but they do add *-s* when they describe plural words):
un frère timide > une sœur timide
des enfants timides

- a very few adjectives stay the same whether they are masculine or feminine, singular or plural:
un cousin sympa, une cousine sympa, des cousins sympa
le film est super, la France est super, les magazines sont super

2.2 Position of adjectives

In English, adjectives always come before the noun they describe:
a *violent* film, an *important* town, *nice* friends.

In French, adjectives usually come after the noun:
*un film **violent**, une ville **importante**, des copains **sympa**.*

B Ça se dit comment en français?

a an ideal brother
b an intelligent sister
c a modern house
d Anne has French cousins.
e I like funny books.

Some adjectives break this rule of position.

For example:

grand / petit   *un **grand** éléphant, une **petite** souris*
bon / mauvais   *C'est un **bon** club.*
*C'est une **mauvaise** idée.*

3 Possessive adjectives
les adjectifs possessifs

These are adjectives that show who or what something belongs to (*my* bag, *your* CD, *his* brother, etc.).

They come before the noun they describe, in place of *un/une/des* or *le/la/les*, for example.

Like all adjectives, they have to match the noun they describe:

| | singular | | plural |
	masculine	feminine	masculine or feminine
my	mon	ma	mes
your	ton	ta	tes
his/her	son	sa	ses

For example:

*Ma sœur déteste **ton** frère.*   My sister hates your brother.

*Il a **ses** tennis.*   He has his trainers.

Notice that the words for *his* and *her* are the same (either *son*, *sa* or *ses*, depending on the word that follows). For example:

*Nathalie adore **son** chien.*   Nathalie loves *her* dog.
*Marc adore **son** chien.*   Marc loves *his* dog.

A Ça se dit comment en français?

a My brother is called Paul.
b My parents are patient.
c Your brother likes football.
d I have your pencils.
e He has his book.
f She has her book.
g I like his sister.
h He loves his cat.
i Anne lives with her father.

4 Prepositions   *les prépositions*

These are usually little words which tell you the position of something:

A Où sont les animaux?

Exemple Le chat est sur le lit.

4.1 à

- Talking about time
  You use *à* to mean *at* when you talk about times:
  *Le bus arrive **à** quatre heures.*
  The bus arrives **at** four o'clock.

- Talking about place
  You use *à* to say *at* or *to* a place:
  *Je vais **à la** piscine.*
  I am going **to the** swimming pool.

  *Tu restes **à la** maison?*
  Are you staying **at** home?

Important! With masculine or plural places, the *à* combines with the *le* or *les* in front of the noun to form a completely new word:
  à + le > au
  à + les > aux

For example:
*Il est **au** cinéma.*
He's **at** the cinema.

*Ma cousine va **aux** États-Unis.*
My cousin is going **to** the United States.

| singular | | plural |
masculine	feminine	masculine or feminine
au	à la	aux

4.2 en

In French, most names of countries are feminine. To say *in* or *to* these countries, use the word *en*:
*Vous allez **en** France?*   Are you going **to** France?
*J'habite **en** Écosse.*   I live **in** Scotland.

For masculine countries, use *au* instead (or *aux* if the country is plural):
*Cardiff est **au** pays de Galles.*
Cardiff is **in** Wales.

*Je vais **aux** États-Unis.*
I'm going **to** the United States.

C Fais des phrases avec *en, au* ou *aux*.
Exemple *Je vais ...... (l'Angleterre). = Je vais en Angleterre.*

a Il va ......   (la France)
b ......, on parle français.   (la Belgique)
c Ma correspondante habite ......   (le Japon)
d On mange du riz ......   (la Chine)
e Il a un oncle ......   (le Canada)
f Venise est ...... (l'Italie)
g Concorde va ...... (les États-Unis)
h Tu vas ...... ? (la Tunisie)

B Qui va où? Explique.
Exemple *Olivier va au match de foot.*

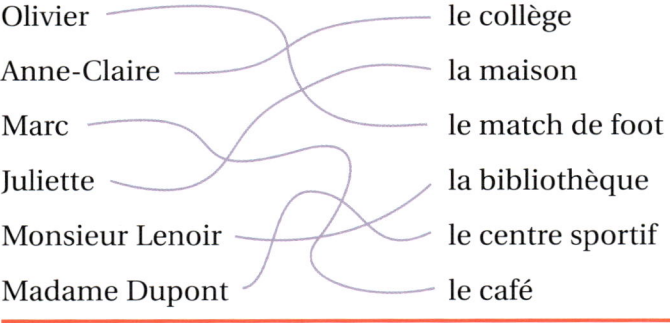

Olivier   le collège
Anne-Claire   la maison
Marc   le match de foot
Juliette   la bibliothèque
Monsieur Lenoir   le centre sportif
Madame Dupont   le café

5 Pronouns les pronoms

A pronoun is a small word which is used instead of a noun or name. It helps to avoid repetition. For example:
My cat is called Tigger. *He* sleeps in a box.

5.1 Subject pronouns

The subject of a verb tells you who or what is doing the action of the verb. It is usually a noun, but sometimes it is a pronoun. In English, we use the following subject pronouns:
I   you   he   she   it   we   they.

I'm learning French. Are *you*?
Annie is learning Italian. *She* loves it.

The French subject pronouns are:

I = { *je*
     j'   in front of a vowel or an *h*:
            j'aime/j'habite

You = { *tu*   when talking to a child, a friend or a relative
       vous when talking to an adult you are not related to, or more than one person

He = *il*   for a boy or man

She = *elle* for a girl or woman

It = { *il*   if the thing it refers to is masculine
      elle   if the thing it refers to is feminine

We = { *nous*
      on   is used more than *nous* in conversation.

Use *on* when speaking or writing to friends.
Use *nous* when writing more "official" texts.

They = { *ils*   for a masculine plural
                 for a mixed group (masculine + feminine)
        elles for a feminine plural
        on   when it means people in general

• On
On can mean *you, we, they* or *one*. It is always followed by the same form of the verb:
Chez moi, on parle arabe.
At home we speak Arabic.
Au Québec, on parle français.
In Quebec, they speak French.

5.2 Toi/Moi

If you want to stress who is doing the action, put the pronouns *moi/toi* in front of the subject pronouns:
Tu vas où? **Moi**, *je vais au club.*
Where are you going? *I'm* going to the club.

Et **toi?**   is useful to ask questions simply.

Use *moi/toi* after *chez* and *avec*:
Tu arrives chez **toi** *à quelle heure?*
Tu joues au tennis avec **moi?**

A   Retrouve les pronoms.

nousj'ilonellevousilsjetuelles

B   Recopie et complète avec le bon pronom.

Salut!
...... m'appelle Radia. ...... ai 15 ans. Mes parents sont algériens. ...... sont nés à Alger. Mon frère s'appelle Zahir. ...... a 25 ans; ma sœur s'appelle Asha. ...... a 12 ans. Mes parents, Asha et moi, ... habite dans un appartement. ...... est très petit! Et ......? ...... habites dans une maison ou un appartement? ...... aimes la ville ou la campagne? ......, ... préfère la ville. Écris vite!

6 Verbs   *les verbes*

Verbs are words that describe what is happening. If you can put *to* in front of a word or *-ing* at the end, it is probably a verb:

    listen – to listen √ = a verb
    try – to try √ = verb
    desk – to desk x = not a verb
    happy – to happy x = not a verb

A Spot the verbs in these sentences:

I eat my breakfast at 7 o'clock.
I play the piano each day.
I send letters to my penfriend.
I travel to school by bike.

6.1 The infinitive

Verbs take on many different forms:
I *do* the dishes every day. Alan *does* too, but you *don't*.

If you want to look up a verb in a dictionary, you won't find all the forms listed. For example, you won't find *does* or *don't*. You have to look up the infinitive, *to **do***.

Infinitives in French are easy to recognize as they normally end with either *-er, -re* or *-ir*. For example: *regarder, prendre, choisir.*

B Trouve les infinitifs dans cette liste.

vais prenons dormir aller sort faire suis être aimer aimez prendre faites sortir

6.2 The present tense

The tense indicates when an action takes place. A verb in the present tense describes an action which is taking place now or takes place regularly.

There are two present tenses in English:
I *am eating* an apple (now).
I *eat* an apple (every day).

There is only one present tense in French:
Je mange une pomme (maintenant).
Je mange une pomme (tous les jours).

6.3 Verb endings

To describe an action, you need a subject (the person or thing doing the action) and a verb.

C Who or what is the subject of each verb? The verbs are underlined.

You <u>eat</u> at school every day.
My dog <u>eats</u> lots of sweets.
My mum and I <u>speak</u> German together.
He <u>speaks</u> French fluently.
The clock <u>strikes</u> nine.

Notice in the sentences above that the ending of the verb changes according to who the subject is:
You eat/She eat**s**   We speak/He speak**s**

Verb endings change in French too, for the same reason.

D Remets les phrases dans l'ordre.

1 on   des croissants   mange.
2 Luc et Pierre   bien   mangent.
3 manges   à la cantine   tu.
4 des fruits   vous   mangez.
5 mange   je   du pain le matin.
6 nous   beaucoup   mangeons.

E Trouve cinq formes du verbe manger.
Exemple mange

6.4 Regular verbs

Most French verbs follow the same pattern. They have regular endings.

Typical endings for verbs that end in -er, like *aimer*, in the present tense are:

j'	aim**e**	*nous*	aim**ons**
tu	aim**es**	*vous*	aim**ez**
il/elle/on	aim**e**	*ils/elles*	aim**ent**

Some other verbs which follow the same pattern are:

adorer	to love/ really like	*fermer*	to close
arriver	to arrive	*habiter*	to live
danser	to dance	*jouer*	to play
détester	to hate	*parler*	to speak
discuter	to discuss/talk	*préférer*	to prefer
écouter	to listen	*regarder*	to watch
		tourner	to turn

F Recopie et complète les verbes.

– Qu'est-ce que tu regard …… à la télé?
– Je regard …… le foot.

– Léa habit …… avec Luc?
– Oui, ils habit …… dans un appartement.

– Vous aim …… les jeux vidéo?
– Oui, nous aim …… beaucoup ça.

– On écout …… de la musique?
– Oh non! On jou …… de la guitare.

6.5 Irregular verbs

Some verbs do not follow this regular pattern. They are irregular verbs. Try to learn them by heart.

• four very common irregular verbs:

	avoir (to have)	*être* (to be)
j'/je	ai	suis
tu	as	es
il/elle/on	a	est
nous	avons	sommes
vous	avez	êtes
ils/elles	ont	sont

	aller (to go)	*faire* (to do)
je	vais	fais
tu	vas	fais
il/elle/on	va	fait
nous	allons	faisons
vous	allez	faites
ils/elles	vont	font

G Retrouve la bonne forme du verbe.

– Tu [aller] …… où ce week-end?
– Je [aller] …… chez ma grand-mère avec mes parents.

– Vous [aller] …… chez elle samedi ou dimanche?
– On y [aller] …… dimanche.

– Vous [faire] …… des crêpes quand?
– Nous [faire] …… des crêpes pour la Chandeleur. Mes parents [faire] …… aussi des crêpes pour Mardi gras.

– Je [faire] …… mes devoirs ce soir. Et toi, tu [faire] …… tes devoirs ce soir?
– Non, je [faire] …… du baby-sitting. Mes parents [aller] …… au cinéma.

H Avoir ou être? Recopie et complète.

– Tu …… mal au ventre?
– Oui, et j'…… envie de vomir.

– Vous …… quel âge?
– Moi, j'…… 14 ans.

– Ma correspondante …… sérieuse et intelligente. Elle …… blonde. Elle …… les cheveux longs et raides.

– Vous …… soif?
– Non, mais nous …… très faim!

– Les enfants …… fatigués le soir, ils …… envie de dormir.

– Il y …… une piscine mais il n'y …… pas de plage.

• Other irregular verbs in the present tense:

	prendre (to take)	dormir (to sleep)	sortir (to go out)
je	prends	dors	sors
tu	prends	dors	sors
il/elle/on	prend	dort	sort
nous	prenons	dormons	sortons
vous	prenez	dormez	sortez
ils/elles	prennent	dorment	sortent

	boire (to drink)	lire (to read)	écrire (to write)
je	bois	lis	écris
tu	bois	lis	écris
il/elle/on	boit	lit	écrit
nous	buvons	lisons	écrivons
vous	buvez	lisez	écrivez
ils/elles	boivent	lisent	écrivent

I Relie pour faire neuf phrases.

Je	lit	une BD en cours de français.
Tu	écrit	tard le dimanche matin.
Martin	bois	un coca au café avec Antoine.
Jasmine	sort	mon petit déjeuner à 8 heures.
On	prends	une lettre à son père au Québec.
Nous	boivent	et vous tournez à gauche.
Vous	prennent	ton jus de fruit?
Les touristes	dormons	avec sa copine samedi soir.
Jasmine et Nathalie	sortez	le petit train pour visiter Dieppe.

6.6 The imperative

The imperative is the form of the verb you use when you want to give someone an order, an instruction or advice:

Eat!   Go to bed.   Turn left!

When giving an instruction/order to
– someone you say *tu* to:
   use the *tu* form of the verb without *tu*
   (and no final *-s* for *-er* verbs)
– someone you say *vous* to
   (or more than one person):
   use the *vous* form of the verb without *vous*

tu		vous
Mange!	Eat!	*Mangez!*
Tourne à gauche!	Turn left!	*Tournez à gauche!*
Prends la rue à droite.	Take the first on the right.	*Prenez la rue à droite.*
Fais du sport!	Do some sport!	*Faites du sport!*
Va au lit.	Go to bed.	*Allez au lit.*

To tell someone *not* to do something, see negatives on page 148 (7.2).

J Transforme comme dans l'exemple. Des conseils pour la santé!

Exemple Tu manges des fruits? – Mange des fruits!

Vous faites du sport?
Tu vas à la piscine?
Tu écoutes de la musique?
Vous buvez du lait?
Tu prends un bon petit déjeuner?
Vous mangez des légumes?

6.7 Verb + infinitive

Sometimes there are two verbs next to each other in a sentence:
I *like going* to the cinema.
I*'d like to go* to France.

In French, the form of the first verb depends on the subject, and the second verb is the infinitive:

J'aime aller au cinéma.	Tu *aimes aller* au cinéma, toi?
I like going to the cinema.	Do you like going to the cinema?
Je voudrais aller en France.	Tu *voudrais aller* en France?
I'd like to go to France.	Would you like to go to France?

7 Negatives   *la négation*

In English, the negative form uses the word *not*.
In French, use *ne ... pas* around the verb
(*ne = n'* in front of a vowel or an *h*):

Je suis anglais.	*Je **ne** suis **pas** français.*
I'm English.	I'm not French.
J'ai 13 ans.	*Je **n'**ai **pas** 12 ans.*
I'm 13.	I'm not 12.
Je vais à la plage.	*Je **ne** vais **pas** à la piscine.*
I'm going to the beach.	I'm not going to the pool.

7.1 ne ... pas + nouns

Use *ne ... pas de* (or *ne ... pas d'* in front of a vowel
or an *h*) to say there isn't or you don't have
something. The *de/d'* replaces *un/une* and *des*:
– *Il y a un kiwi? une pomme? des fruits?*
  *Il n'y a **pas de** kiwi / **pas de** pomme / **pas de**
  fruits.*
– *Tu manges de la viande? du poisson? des
  légumes?*
  *Je ne mange **pas de** viande / **pas de** poisson / **pas
  de** légumes.*
– *Tu as un animal? une armoire? des amis?*
  *Je n'ai **pas d'**animal / **pas d'**armoire / **pas d'**amis.*

A Complète les bulles de Madame Contraire, comme dans les exemples.

7.2 ne ... pas + imperative

To tell someone not to do something, use *ne ... pas*
with the imperative. Put the *ne* before the verb and
the *pas* after the verb:

Fais tes devoirs.	***Ne** fais **pas** tes devoirs.*
	Don't do your homework.
Va à l'école!	***Ne** va **pas** à l'école!*
	Don't go to school!
Bois du lait.	***Ne** bois **pas** de lait.*
	Don't drink any milk.

B Lis les phrases. Imagine les phrases de Madame Contraire!

Bois un jus d'orange.
Mange des tartines.
Va au centre sportif.
Retrouve tes amis au café.
Fais des crêpes.
Prends la première à droite.

8 Asking questions

• You can ask questions by making your voice go up at the end:

Tu aimes le chocolat.	*Tu aimes le chocolat?*
You like chocolate.	Do you like chocolate?
Elle fait un sandwich.	*Elle fait un sandwich?*
She is making a sandwich.	Is she making a sandwich?

• By using question words:

– comment

Tu t'appelles comment?	What's your name?
Tu es comment?	What do you look like?
Ça se dit comment "book" en français?	
	How do you say "book" in French?

– où

Tu habites où?	Where do you live?
Tu vas où?	Where are you going?
C'est où?	Where is it?

– quand

C'est quand, ton anniversaire?	
	When is your birthday?
Tu pars quand?	When are you leaving?

– qu'est-ce que

Qu'est-ce que c'est?	What is it?
Qu'est-ce que tu as dans ton sac?	
	What do you have in your bag?
Qu'est-ce que tu fais comme sport?	
	What sports do you play?
Qu'est-ce que tu veux?	What do you want?

– qui

C'est qui?	Who is it?
Qui part au Canada?	Who's leaving for Canada?

– quel/quelle

Il fait quel temps?	What's the weather like?
Il est quelle heure?	What time is it?
Quel est ton sport préféré?	
	What's your favourite sport?
Tu as quel âge?	How old are you?

– combien

Ça fait combien?	How much is it?
Il y a combien de personnes?	
	How many people are there?

A Relie les réponses aux questions.

1 Tu travailles où?	**a** Moi!
2 Elle est comment, ta sœur?	**b** Le lundi.
3 C'est quand, les vacances?	**c** 12 800.
4 Qui veut un Coca?	**d** Du poulet et du riz.
5 Tu vas à la piscine quel jour?	**e** Dans ma chambre.
6 Il y a combien d'habitants?	**f** Sérieuse et très sympa.
7 Qu'est-ce qu'on mange?	**g** Le 30 juin.

Answers to grammar activities

1 Nouns

A

Un	Une
animal	grand-mère
frère	passion
chat	question
chien	souris
	sœur
	orange

B **a** une banane; **b** un œil; **c** des bananes; **d** un livre; **e** un cheval; **f** des livres; **g** un stylo; **h** des stylos; **i** des yeux; **j** des chevaux

C **Le** magazine est dans **la** cuisine, sur **la** table. **Les** livres sont dans **la** chambre, sous **le** lit. **Les** légumes sont dans **le** sac derrière **la** télévision, mais où sont **les** fruits?

D Il y a du poulet, des pommes, du fromage, du lait, des bananes, du sucre, des bonbons, de la pizza, de la confiture, du beurre.

2 Adjectives

A **a** intelligent; **b** patiente; **c** marrants; **d** intéressante; **e** grand; **f** fatiguée

B **a** un frère idéal; **b** une sœur intelligente; **c** une maison moderne; **d** Anne a des cousins français. **e** J'aime les livres marrants.

3 Possessive adjectives

A **a** Mon frère s'appelle Paul.
b Mes parents sont patients.
c Ton frère aime le football.
d J'ai tes crayons.
e Il a son livre.
f Elle a son livre.
g J'aime sa sœur.
h Il adore son chat.
i Anne habite chez (or avec) son père.

4 Prepositions

A Le chat est sur le lit, devant le poster.
Le chien est sous le bureau.
Le serpent est dans la commode.
La souris est sur l'étagère.
Le perroquet est dans l'armoire.
Le poisson rouge est sur la télévision.
La perruche est devant la télévision.
Le lapin est entre le poisson et la lampe.
Le cheval est derrière la fenêtre.

B Olivier va au match de foot.
Anne-Claire va au collège.
Marc va au café.
Juliette va à la maison.
Monsieur Lenoir va à la bibliothèque.
Madame Dupont va au centre sportif.

C **a** Il va **en France**.
b **En Belgique** on parle français.
c Ma correspondante habite **au Japon**.
d On mange du riz **en Chine**.
e Il a un oncle **au Canada**.
f Venise est **en Italie**.
g Concorde va **aux États-Unis**.
h Tu vas **en Tunisie**?

5 Pronouns

A nous, j', il, on, elle, vous, ils, je, tu, elles

B Salut! **Je** m'appelle Radia. J'ai 15 ans. Mes parents sont algériens. **Ils** sont nés à Alger. Mon frère s'appelle Zahir. **Il** a 25 ans; ma sœur s'appelle Asha. **Elle** a 12 ans. Mes parents, Asha et moi, **on** habite dans un appartement. **Il** est très petit! Et **toi**? **Tu** habites dans une maison ou un appartement? Tu aimes la ville ou la campagne? **Moi**, **je** préfère la ville. Écris vite!

6 Verbs

A eat, play, send, travel

B dormir; aller; faire; être; aimer; prendre, sortir

C You; My dog; My mum and I; He; The clock

D 1 On mange des croissants.
2 Luc et Pierre mangent bien.
3 Tu manges à la cantine.
4 Vous mangez des fruits.
5 Je mange du pain le matin.
6 Nous mangeons beaucoup.

E mange, manges, mangeons, mangez, mangent

F regard**es**, regard**e**, habit**e**, habit**ent**, aim**ez**, aim**ons**, écout**e**, jou**e**

G Tu **vas** où ce week-end?
Je **vais** chez ma grand-mère avec mes parents.
Vous **allez** chez elle samedi ou dimanche?
On y **va** dimanche.
Vous **faites** des crêpes quand?
Nous **faisons** des crêpes pour la Chandeleur. Mes parents **font** aussi des crêpes pour Mardi gras.
Je **fais** mes devoirs ce soir. Et toi, tu **fais** tes devoirs ce soir?
Non, je **fais** du baby-sitting. Mes parents **vont** au cinéma.

H Tu **as** mal au ventre?
Oui et j'**ai** envie de vomir.
Vous **avez** quel âge?
Moi, j'**ai** 14 ans.
Ma correspondante **est** sérieuse et intelligente.
Elle **est** blonde. Elle **a** les cheveux longs et raides.
Vous **avez** soif?
Non, mais nous **avons** très faim!
Les enfants **sont** fatigués le soir, ils **ont** envie de dormir.
Il y **a** une piscine mais il n'y **a** pas de plage.

I *Possible answers:*
Je prends mon petit déjeuner à 8 heures.
Tu bois ton jus de fruit?
Martin sort avec sa copine samedi soir.
Jasmine écrit une lettre à son père au Québec.
On lit une BD en cours de français.
Nous dormons tard le dimanche matin.
Vous sortez et vous tournez à gauche.
Les touristes prennent le petit train pour visiter Dieppe.
Jasmine et Nathalie boivent un coca au café avec Antoine.

J Faites du sport. Va à la piscine.
Écoute de la musique. Buvez du lait.
Prends un bon petit déjeuner. Mangez des légumes.

7 Negatives

A Moi, je ne mange pas de bonbons.
Moi, je n'écoute pas de musique rock.
Moi, je ne regarde pas de foot à la télé.
Moi, je ne vais pas au cinéma.

B Ne bois pas de jus d'orange.
Ne mange pas de tartines.
Ne va pas au centre sportif.
Ne retrouve pas tes amis au café.
Ne fais pas de crêpes.
Ne prends pas la première à droite.

8 Asking questions

A **1** – e, **2** – f, **3** – g, **4** – a, **5** – b, **6** – c, **7** – d

Expressions utiles

Greetings

Hello	*Bonjour*
	Salut (to a friend)
Hello (after about 6.00 pm)	*Bonsoir*
Good night (when going to bed)	*Bonne nuit*
Goodbye	*Au revoir*
	Salut (to a friend)

The French tend to use *monsieur/madame* in greetings:
Bonjour, monsieur. (eg: to a shopkeeper)
Bonjour, madame.

Days   *les jours de la semaine*

Monday	*lundi*
Tuesday	*mardi*
Wednesday	*mercredi*
Thursday	*jeudi*
Friday	*vendredi*
Saturday	*samedi*
Sunday	*dimanche*

Months   *les mois*

January	*janvier*
February	*février*
March	*mars*
April	*avril*
May	*mai*
June	*juin*
July	*juillet*
August	*août*
September	*septembre*
October	*octobre*
November	*novembre*
December	*décembre*

Quantities   *les quantités*

See grammar section 1.3 for how to say *some* and *any*.

	noun + *de/d'*
a bottle of (lemonade)	*une bouteille de (limonade)*
a litre of (mineral water)	*un litre d'(eau minérale)*
a glass of (milk)	*un verre de (lait)*
a packet of (sugar)	*un paquet de (sucre)*
a tin of (tuna)	*une boîte de (thon)*
a kilo of (potatoes)	*un kilo de (pommes de terre)*
100g of (cheese)	*100 grammes de (fromage)*
a slice of (ham)	*une tranche de (jambon)*
a slice/portion of (pizza)	*une part de (pizza)*

Countries   *les pays*

Algeria	*l'Algérie*
Australia	*l'Australie*
Belgium	*la Belgique*
Burkina Faso	*le Burkina Faso*
Canada	*le Canada*
China	*la Chine*
England	*l'Angleterre*
France	*la France*
Germany	*l'Allemagne*
Great Britain	*la Grande-Bretagne*
Ireland	*l'Irlande*
Italy	*l'Italie*
Japan	*le Japon*
Luxembourg	*le Luxembourg*
Morocco	*le Maroc*
New Caledonia	*la Nouvelle-Calédonie*
North America	*l'Amérique du Nord*
Rwanda	*le Rwanda*
Scotland	*l'Écosse*
Switzerland	*la Suisse*
Tunisia	*la Tunisie*
the United States	*les États-Unis*
Wales	*le pays de Galles*
the West Indies	*les Antilles*

The time *l'heure*

Il est quelle heure?	What time is it?
Il est une heure.	It is one o'clock.
C'est à quelle heure?	What time is it at?
C'est à une heure.	It is at one o'clock.

Il est …

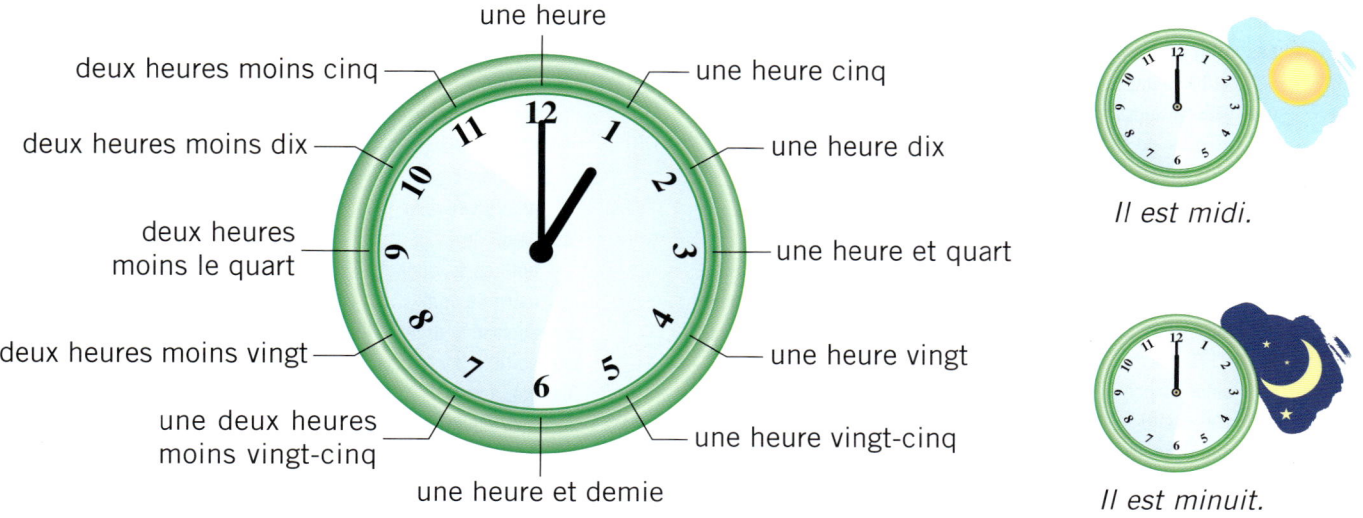

Il est midi.

Il est minuit.

Numbers

1 un	17 dix-sept	70 soixante-dix
2 deux	18 dix-huit	71 soixante et onze
3 trois	19 dix-neuf	72 soixante-douze
4 quatre	20 vingt	73 soixante-treize
5 cinq	21 vingt et un	74 soixante-quatorze
6 six	22 vingt-deux	75 soixante-quinze
7 sept	23 vingt-trois	76 soixante-seize
8 huit	24 vingt-quatre	77 soixante-dix-sept
9 neuf	25 vingt-cinq	78 soixante-dix-huit
10 dix	26 vingt-six	79 soixante-dix-neuf
11 onze	27 vingt-sept	80 quatre-vingts
12 douze	28 vingt-huit	81 quatre-vingt-un
13 treize	29 vingt-neuf	82 quatre-vingt-deux, …
14 quatorze	30 trente	90 quatre-vingt-dix
15 quinze	40 quarante	91 quatre-vingt-onze, …
16 seize	50 cinquante	100 cent
	60 soixante	

Vocabulaire

il/elle/on **a** he/she/one has
à at, in, to
une **abeille** a bee
d' **abord** first
acheter to buy
d' **accord** OK
un **acteur** an actor
un **adjectif** an adjective
un **adolescent** a teenager
adorer to love
une **adresse** an address
un **aéroport** an airport
des **affaires** things, belongings
une **affiche** a poster
afficher to stick up
africain/africaine African
l' **Afrique** Africa
l' **âge** age
j' **ai** I have
l' **Aïd-el-Fitr** Eid (festival)
aider to help
aïe! ouch!
aimer to like, to love
ajouter to add
algérien/algérienne Algerian
un **aliment** a foodstuff
l' **Allemagne** Germany
allemand/allemande German
aller to go
vous **allez** you go
allô hello (over the phone)
nous **allons** we go
alors so, then
américain/américaine American
l' **Amérique** America, USA
un **ami** a friend
une **amie** a friend
l' **amitié** friendship
amitiés best wishes (in a letter)
amusant/amusante funny, amusing
un **an** a year
ancien/ancienne old
anglais/anglaise English

l' **Angleterre** England
une **année** a year
un **anniversaire** a birthday
une **annonce** an advert
les **Antilles** the West Indies
août August
un **appartement** a flat
s' **appeler** to be called
je m'appelle … my name is …
apprendre to learn
approprié appropriate
après after
l' **après-midi** the afternoon
l' **aquagym** water aerobics
une **armoire** a wardrobe
arrêter to stop
une **arrivée** an arrival
arriver to arrive
tu **as** you have
assez rather, enough
l' **athlétisme** athletics
attendre to wait
aucun/aucune no, none
aujourd'hui today
aussi too
l' **Australie** Australia
australien/australienne Australian
l' **automne** autumn
autre other
autrichien/autrichienne Austrian
avancer to go forward
avant before
avec with
vous **avez** you have
un **avis** an opinion
avoir to have
nous **avons** we have
avril April

le **baby-foot** table football
une **baguette** a French loaf
un **bain** a bath
baisser to lower
un **ballon de foot** a football
un **bateau** a boat
un **bâton de colle** a glue-stick

bavard/bavarde talkative
une **BD** a comic strip
beau/belle beautiful
beaucoup a lot
belge Belgian
la **Belgique** Belgium
belle beautiful
bête silly
beurk! yuk!
le **beurre** butter
une **bibliothèque** a library
bien well, good
bientôt soon
bienvenue welcome
la **biologie** Biology
blanc/blanche white
Blanche-Neige Snow-White
bleu/bleue blue
du **bœuf** beef
bof! so so, dunno!
boire to drink
une **boisson** a drink
une **boîte** a box, a disco
un **bol** a bowl
bon/bonne good
bon anniversaire! happy birthday!
bon appétit enjoy your meal
un **bonbon** a sweet
bonjour hello
bonne good
la **bouche** mouth
un **bout** a bit, an end
une **bouteille** a bottle
un **bras** an arm
bravo! well done!
brésilien/brésilienne Brazilian
le **bricolage** DIY
brosser to brush
le **brouillard** fog
un **brouillon** a rough copy
au brouillon in rough
brun/brune dark-haired
Bruxelles Brussels
une **bûche** a Christmas log
une **bulle** a bubble
un **bureau** a desk, an office

c', ce it, that
ça it, that
cacher to hide
un **cadeau** a present
un **café** a coffee, a café
un **cahier** an exercise book
une **caisse** a cashdesk, a till
une **caissière** a cashier
une **calculatrice** a calculator
un(e) **camarade** a school friend
la **campagne** the countryside
un **camping-car** a camper van
canadien/canadienne Canadian
la **cantine** the canteen
un **carnaval** a carnival
une **carotte** a carrot
une **carte** a map, a card
le **carton** cardboard
une **case** a square (on a game board), a hut
casse-pieds a nuisance
un **casse-tête** a brain-teaser
une **cave** a cellar
ce, cet, cette this
célèbre famous
cent hundred
le **centre-ville** the town centre
les **céréales** cereals
certainement certainly
ces these
c'est it's
cet this
cette this
chacun each
une **chaise** a chair
une **chambre** a bedroom
un **champ** a field
la **Chandeleur** Candlemas (festival)
une **chanson** a song
chanter to sing
une **chanteuse** a female singer
chaque each

chasser to hunt
un chasseur a hunter
un chat a cat
un château a castle
chaud hot
chauffé heated
un chemin a path, a way
une chemise a shirt
cher/chère expensive, dear
chercher to look for
chéri darling
un cheval a horse
les cheveux hair
chez (Jasmine) at (Jasmine's)
un chien a dog
un chiffre a number
la Chine China
chinois/chinoise Chinese
les chips crisps
le chocolat chocolate
choisir to choose
une chose a thing
un chou a cabbage
chouette! great!
un chou-fleur a cauliflower
le ciel the sky
cinq five
cinquante fifty
les ciseaux scissors
un citron a lemon
une classe a form, a class
un classeur a folder
cocher to tick
un cœur a heart
la coiffure hairstyle, hair
un coin a corner
la colle glue
coller to stick
le collège high school
combien how much, how many
un comédien an actor
comme as, like
commencer to start
comment how
une commode a chest of drawers
comprendre to understand
compter to count
un concombre a cucumber
un concours a competition

la confiture jam
confortable comfortable
connaître to know
un conseil a piece of advice
les conserves tinned food
une consonne a consonant
le contraire the opposite
un copain a (boy)friend
une copine a (girl)friend
le corps the body
un(e) correspondant/
correspondante a penpal
corriger to correct
le cou the neck
le coude the elbow
la couleur the colour
coupé cut
un couplet a verse
une cour a courtyard
courageux/courageuse brave
une couronne a crown
le courrier the mail
un cours a lesson
les courses the shopping
court/courte short
un coussin a cushion
coûter to cost
un crayon a pencil
créer to create
la crème cream
une crêperie a pancake restaurant
une crêpe a pancake
la cuisine the kitchen, cooking
le cyclisme cycling

D

d'abord first
d'accord OK
dangereux/dangereuse dangerous
danois/danoise Danish
dans in
la danse dance
danser to dance
une datte a date
de from, of
un dé a dice
debout standing up
décembre December
découper to cut out

découvrir to discover
décrire to describe
un défaut a fault
déjà already
déjeuner to have lunch
demain tomorrow
demander to ask
demi half
une dent a tooth
le départ the start
un dépliant a leaflet
depuis since
dernier/dernière last
désolé/désolée sorry
le désordre a mess
le dessin Art
un dessin a drawing
dessiner to draw
détester to hate
deux two
deuxième second
devant in front of
deviner to guess
les devoirs homework
un diabolo-menthe a lemonade and mint drink
un dictionnaire a dictionary
difficile difficult
dimanche Sunday
une dinde a turkey
un dîner a dinner
dire to say
discuter to discuss
dix ten
un docteur a doctor
un doigt a finger
c'est dommage it's a shame
donner to give
doré golden
dormir to sleep
le dos the back
dos à dos back to back
douze twelve
un drapeau a flag
droite right
à droite on the right
tout droit straight on
drôle funny
dur hard

E

l' eau water

un échange an exchange
une école a school
écossais/écossaise Scottish
écouter to listen
écrire to write
l' écriture (hand)writing
une église a church
un/une élève a pupil
elle she, her
une émission a programme
un emploi a job
emprunter to borrow
en in
encore again, more
un endroit a place
un enfant a child
enfin at last
une enquête a survey
enregistrer to record
entendre to hear
entêté stubborn
entre between
une entrée a starter, a hallway
j'ai envie de I feel like
une épaule a shoulder
épeler to spell
un épicier a grocer
EPS = éducation physique et sportive PE/games
une équipe a team
l' équitation horse riding
une erreur a mistake
l' espace space
l' Espagne Spain
espagnol/espagnole Spanish
tu es you are
il/elle/on est he/she/one is
un étage a storey, a floor
une étagère a shelf
les États-Unis the United States
l' été summer
vous êtes you are
être to be
un étudiant a student
euh erm (used for hesitation)
un euro a euro (unit of currency)
excusez-moi excuse me
un exemple an example

une **explication** an explanation
expliquer to explain
un **explorateur** an explorer
une **expression-clé** a key
expression
un **extrait** an extract

 F

en **face de** opposite
facile easy
la **faim** hunger
j'ai faim I'm hungry
faire to make, to do
je/tu **fais** I/you make, do
nous **faisons** we make, do
il/elle/on **fait** he/she/one makes,
does
vous **faites** you make, do
une **famille** a family
un(e) **fana** a fan
un **fantôme** a ghost
la **farine** flour
fatigant/fatigante tiring
il **faut** you have to, you
ought to
faux/fausse false, wrong
favori/favorite favourite
féminin/féminine
feminine
le **fer** iron
une **ferme** a farm
fermé/fermée shut,
closed
une **fête** a party, a festival
une **feuille** a sheet of paper,
a leaf
un **feutre** a felt-tip pen
une **fève** a bean, a charm
février February
une **fiche** a form
un **filet** a net
une **fille** a girl, a daughter
un **fils** a son
la **fin** the end
finalement finally
fini/finie finished
une **fois** a time, once
fonctionnel/ fonctionnelle
functional
ils/elles **font** they make, do
le **foot** football
la **forme** fitness
en **forme** fit
formidable great,

fantastic **fort/forte**
strong
fou/folle mad
un **foyer** a home
frais/fraîche fresh
une **fraise** a strawberry
le **français** French
français/française
French
francophone
French-speaking
un **frère** a brother
un **frigo** a fridge
frisé/frisée curly
des **frites** chips
froid/froide cold
le **fromage** cheese
fumer to smoke

 G

gagner to win, to earn
une **galerie** a gallery
une **galette** a cake, a pancake
la galette des Rois
special cake eaten on
6th January
un **garçon** a boy
un **gâteau** a cake
gauche left
à gauche on the left
gazeuse: une boisson
gazeuse a fizzy drink
geler to freeze
génial/géniale great,
fantastic
un **genou** a knee
des **gens** people
gentil/gentille nice
la **géographie** Geography
un **geste** a gesture, a
movement
une **glace** an ice-cream
une **golden** a Golden Delicious
apple
une **gomme** a rubber
la **gorge** throat
goûter to taste
un **gouvernement**
a government
la **grammaire** grammar
grand/grande big, tall
la **Grande-Bretagne**
Great Britain
une **grande-tante** a great

aunt
une **grand-mère**
a grandmother
un **grand-père** a grandfather
gras/grasse fatty, greasy
une **grille** a gate, railings
grillé grilled, toasted
gris/grise grey
gros/grosse plump, fat
un **groupe** a group
guidé/guidée guided
une **guitare** a guitar
la **gym** gymnastics, exercises

 H

un **habitant** an inhabitant
habiter to live
haut/haute high, tall
hésiter to hesitate
une **heure** an hour
à deux heures at
two o'clock
l' **histoire** History
l' **hiver** winter
huit eight
une **huître** an oyster
une **humeur** a mood, humour

 I

ici here
idéal/idéale ideal
une **idée** an idea
identifier to identify
une **identité** an identity
il he, it
une **île** an island
illustré/illustrée
illustrated
ils they
une **image** a picture
imaginer to imagine
un **imbécile** an imbecile,
a fool
imiter to imitate, copy
un **immeuble** a block of flats
un **impératif** an imperative
indien/indienne Indian
indiquer to show
un **infinitif** an infinitive
les **informations** information,
the news

l' **informatique** computing,
IT
les **infos** the news
un **ingénieur** an engineer
intéressant/ intéressante
interesting
interrogatif/ interrogative
interrogative, question
interviewer
to interview
inventer to invent
inviter to invite
un(e) **invité/invitée** a guest,
a visitor
irrégulier/irrégulière
irregular
l' **Italie** Italy
italien/italienne Italian
l' **ivoire** ivory

 J

j' I
j'ai I have
jamais never
une **jambe** a leg
le **jambon** ham
janvier January
le **Japon** Japan
japonais/japonaise
Japanese
un **jardin** a garden
le **jardinage** gardening
jaune yellow
je I
un **jean** a pair of jeans
une **jetée** a pier, a jetty
jeter to throw
un **jeton** a counter
un **jeu** a game
un jeu de société
a board game
jeudi Thursday
jeune young
un(e) **jeune** a young person
joli/jolie pretty
jouer to play
un **jouet** a toy
un **jour** a day
une **journée** a day
juillet July
juin June
un **jumeau** a twin

un **jus** a juice
   un jus d'orange
   an orange juice
jusqu'à until
juste fair, just

K

le **kayak** kayaking, canoeing
un **kiwi** a kiwi fruit

L

l' the
la the
là there
là-bas over there
le **lait** milk
un **laitage** a dairy product
une **lampe** a lamp
lancer to throw
une **langue** a language
un **lapin** a rabbit
laquelle which
le the
un **lecteur** a reader
une **lectrice** a reader
la **lecture** reading
un **légume** a vegetable
les the
une **lettre** a letter
leur their
lever to lift, raise
une **limonade** a lemonade
lire to read
une **liste** a list
un **lit** a bed
un **livre** a book
loin far
un **loisir** a leisure activity
Londres London
long/longue long
un **loup** a wolf
lui him
lundi Monday
des **lunettes** glasses

M

ma my
madame Mrs, madam
mademoiselle Miss
un **magasin** a shop
un **magnétophone** a cassette
player
mai May
maigre thin, slim
une **main** a hand
mais but
une **maison** a house
une **majorité** a majority
mal badly
   ça va mal things aren't
   going very well, I don't
   feel well
malade ill
maman Mum, Mummy
mamie Granny
manger to eat
le **manioc** manioc, cassava
   (a vegetable)
un **mannequin** a model
un **marché** a market
mardi Tuesday
marocain/marocaine
Moroccan
marrant/marrante funny
marron brown
mars March
masculin masculine
un **masque** a mask
les **maths** Maths
une **matière** a subject
le **matin** morning
la **matinée** morning
mauvais bad
   il fait mauvais the
   weather's dull
méchant/méchante
naughty, evil
un **médecin** a doctor
une **médiathèque** a media
library
un **membre** a member
même same, even
la **mémoire** memory
mémoriser to memorize,
learn by heart
ménager/ménagère
household
   les travaux ménagers
housework
un **menu-santé** a healthy
menu
la **mer** the sea
merci thank you
mercredi Wednesday
une **mère** a mother

mes my
la **messe** Mass
la **météo** weather forecast
mettre to put
un **meuble** an item of
furniture
miam! miam! yum!
un **micro** a microphone
midi midday, lunchtime
le **miel** honey
le **mil: galettes de mil**
millet cakes
mince thin, slim
un **mini-exposé** a short talk
moi me
moins less
un **mois** a month
mon my
le **monde** the world
   tout le monde
everybody
mondial/mondiale world
monsieur Mr, sir
un **monstre** a monster
une **montre** a watch
un **morceau** a piece
mort/morte dead
un **mot** a word
   un mot-clé a key word
un **mouton** a sheep
moyen/moyenne average
un **mur** a wall
la **musculation**
body-building
un **musée** a museum
la **musique** music

N

la **naissance** birth
la **natation** swimming
la **nationalité** nationality
la **neige** snow
   il neige it's snowing
neuf nine
un **nez** a nose
Noël Christmas
noir/noire black
un **nom** a name
un **nombre** a number
nombreux/nombreuse
numerous, many
nommer to name
non no

nord north
normalement normally
nos our
nous we, us
nouveau/nouvelle new
la **Nouvelle-Calédonie**
New Caledonia
novembre November
nul nil
   c'est nul it's rubbish
un **numéro** a number
numéroter to number

O

un **objet** an object
observer to observe
octobre October
un **œil** an eye
   les yeux eyes
un **œuf** an egg
officiel/officielle official
une **offre** an offer
offrir to offer, give as
a present
on we, people, one
un **oncle** an uncle
ils/elles **ont** they have
onze eleven
optimiste optimistic
un **orage** a storm
un **ordinateur** a computer
un **ordre** an order
   dans le bon ordre in
   the right order
une **oreille** an ear
organiser to organize
l' **orthographe** spelling
ou or
où where
oui yes
ouille! ouch!
ouvert/ouverte open
ouvrir to open

P

le **pain** bread
une **paire** a pair
un **pamplemousse**
a grapefruit
un **panier** a basket
la **panique** panic
paniquer to panic

un **panneau** a sign
le **papier** paper
Pâques Easter
un **paquet** a packet
par by
un **parc** a park
pardon sorry
paresseux/paresseuse lazy
parfois sometimes
parler to talk
parmi among
une **part** a portion, slice
partager to share
un/une **partenaire** a partner
participer to take part
partir to leave
partout everywhere
pas not
passer to spend time
un **passe-temps** a hobby
le **patinage** ice skating
une **patinoire** an ice rink
pauvre poor
un **pays** a country
la **pêche** fishing
une **peinture** a painting
pendant during
une **pendule** a clock
pénible awful
penser to think
perdre to lose
perdu lost
un **père** a father
un **perroquet** a parrot
une **perruche** a budgerigar
un **personnage** a character
la **personnalité** personality
une **personne-mystère** a mystery person
la **pétanque** type of bowls game
petit/petite small
un **petit ami** a boyfriend
des **petits pois** peas
un **peu** a little
il/elle/on **peut** he/she/they can
ils/elles **peuvent** they can
je/tu **peux** I/you can
une **pharmacie** a chemist's
une **phrase** a sentence
la **physique** Physics
une **pièce** a room, a coin

un **pied** a foot
un **pique-nique** a picnic
une **piscine** a swimming pool
une **plage** a beach
plaît: s'il te/vous plaît please
un **plan** a map
la **planche à voile** windsurfing
plein/pleine full
il **pleut** it's raining
plier to bend
pluriel plural
plus more
plusieurs several
un **poème** a poem
un **poisson** a fish
poli/polie polite
la **police** police
poliment politely
une **pomme** an apple
un **port** a harbour, a port
un **port de plaisance** a marina
une **porte** a door
poser to put
la **poste** the post office
la **poterie** pottery
un **poulet** a chicken
une **poupée** a doll
pour for
pourquoi why
pratique practical
préféré/préférée favourite
préférer to prefer
premier/première first
prendre to take
les **préparatifs** preparations
préparer to prepare
près near
le **printemps** spring
un **prix** a price
prochain/prochaine next
un **professeur** a teacher
un **projet** a project
une **promenade en mer** a boat trip
prononcer to pronounce
la **prononciation** pronunciation
propre clean
publicitaire advertising
une **publicité**

an advertisement
puis then
la **purée** mashed potato

Q

qu'est-ce que what
la **qualité** quality
quand when
une **quantité** a quantity
quarante forty
un **quart** a quarter
un **quartier** an area
quatorze fourteen
quatre four
quatre-vingts eighty
quatre-vingt-deux eighty two
quatre-vingt-dix ninety
que that, what, which
québécois/québécoise from Quebec
quel/quelle which
quelque chose something
quelques some, a few
quelquefois sometimes
quelqu'un somebody
qui who
quinze fifteen
quoi what
quotidien/quotidienne daily

R

le **racisme** racism
raconter to tell
un **radiocassette** a radio cassette player
raide straight
ranger to tidy
râpé/râpée grated
un **rappel** a reminder
rechercher to look for
recopier to copy out
reculer to move back
la **rédaction** editorial team
réécouter to listen again
un **refrain** a chorus
regarder to look, watch
un **régime** a diet
une **région** an area, a region
une **règle** a ruler, a rule
régulier/régulière regular

une **reine** a queen
relaxer to relax
relier to join
relis reread
remets put back
un **renard** a fox
un **rendez-vous** a meeting, a date
les **renseignements** information
la **rentrée** back to school time (September)
rentrer to return
un **repas** a meal
répéter to repeat
répondre to answer, to reply
une **réponse** an answer
un **reportage** a report
reposant/reposante restful
un **requin** a shark
ressembler to look like
rester to stay
un **résultat** a result
en **retard** late
retrouver to meet
une **réunion** a meeting
réviser to revise
au **revoir** goodbye
le **rez-de-chaussée** ground floor
rien nothing
rigolo funny
le **riz** rice
un **roi** a king
rond/ronde round
rose pink
un **rôti** a roast
rouge red
roux/rousse red-haired
une **rue** a road
russe Russian

S

s'appeler to be called
sa his, her
un **sac** a bag
je/tu **sais** I/you know
une **saison** a season
il/elle/on **sait** he/she/one knows
une **salade** a salad, a lettuce
une **salle** a room

un **salon** a living room

saluer to greet

salut hello

samedi Saturday

sans without

la **santé** health

sauter to jump

scolaire school

une **séance** a performance, a meeting

secouer to shake

le **secours** help, aid

sec/sèche dry

seize sixteen

un **séjour** a living room

une **semaine** a week

sept seven

septembre September

une **série** a series

sérieux/sérieuse serious

un **serpent** a snake

ses his, her

seulement only

si if

un **siècle** a century

singulier singular

sixième sixth

le **skate** skateboarding, skateboard

une **sœur** a sister

la **soif** thirst

j'ai soif I'm thirsty

un **soir** an evening

soixante sixty

soixante-dix seventy

le **soleil** sun

nous **sommes** we are

son his, her

un **sondage** a survey

ils/elles **sont** they are

une **sortie** an outing, an exit

sortir to go out

souligné/soulignée underlined

une **soupe** a soup

une **souris** a mouse

sous under

le **sous-sol** basement

souvent often

un **spectacle** a show

sportif/sportive sporty

un **stade** a stadium

un **stylo** a pen

le **sucre** sugar

sucré/sucrée sweet

je **suis** I am

suisse Swiss

suivant/suivante following

un **sujet** a subject

un **supermarché** a supermarket

sur on

sûr/sûre sure, certain

surfer to surf

surtout especially

sympa kind

un **symptôme** a symptom

 T

ta your

un **tableau** a board, a picture

un **tambour** a drum

une **tante** an aunt

un **tapis** a carpet

tard late

une **tarte** a tart, a pie

une **tartine** a slice of bread and butter

la **technologie** Technology, CDT

la **télé** television

le **temps** the weather, time

tendre tender

une **terminaison** an ending

terminer to finish, to end

la **terreur** terror

tes your

une **tête** a head

un **texte** a text

un **thé** a cup of tea

un **théâtre** a theatre

le **thon** tuna

timide shy

un **titre** a title

toi you

les **toilettes** the toilets

une **tomate** a tomato

tomber to fall

ton your

toucher to touch

toujours always

un **tour** a trip

une **tour** a tower

touristique for tourists

tourner to turn

tous all

tout/toute all

une **traduction** a translation

une **tranche** a slice

le **travail** work

travailler to work

travailleur/travailleuse hard-working

treize thirteen

trente thirty

très very

triste sad

trois three

troisième third

trop too

une **trousse** a pencil-case

trouver to find

tu you (to a friend or close relative)

la **Tunisie** Tunisia

tunisien/tunisienne Tunisian

typique typical

 U

un/une a, an, one

une **unité** unit

l' **univers** universe

utiliser to use

 V

il/elle/on **va** he/she/one goes

les **vacances** holidays

je **vais** I go

tu **vas** you go

une **vedette** a star

un **vélo** a bike

vendredi Friday

tu **vends** you sell

venimeux/venimeuse poisonous

venir to come

le **vent** wind

le **ventre** stomach

un **verbe** a verb

vérifier to check

un **verre** a glass

vert/verte green

les **vêtements** clothes

il/elle/on **veut** he/she/one wants

je **veux** I want

la **viande** meat

une **vidéothèque** a video library

vieux/vieille old

vive: une couleur vive a bright colour

une **ville** a town

le **vin** wine

vingt twenty

une **visite** a visit

visiter to visit

vite quick

un **viticulteur** a wine grower

vivre to live

le **vocabulaire** vocabulary

voici here is, are

voilà there is, are

la **voile** sailing

voir to see

un **voisin/une voisine** neighbour

une **voiture** a car

une **voix** a voice

vomir to be sick

ils/elles **vont** they go

vos your

votre your

je/tu **voudrais** I/you would like

il/elle/on **voudrait** he/she/one would like

vous you (to an adult you don't know well, or to more than one person)

un **voyage** a journey

une **voyelle** a vowel

vrai true

vraiment really

un **VTT (vélo tout terrain)** a mountain bike

Y

y there

un **yaourt** a yoghurt

les **yeux** eyes